神の国日本の
美しい神社

神々と共に歩む
最高の人生

森井啓二

きれい・ねっと

はじめに

あなたは神社がお好きですか？
好きかどうかはともかくとして、ほとんどの日本人は、神社を訪れたことがあるのではないでしょうか。

いつも身近にあって、誰もが訪れ、自然に手を合わせる不思議な空間、神社。

本書では、どうして神社があるのか、その本当の目的を紐解いていきたいと思います。
大きな変化の時を迎えている今、あなたが魂を磨き幸せに生きていく助けとなるよう、時空を超越した聖者たちから伝えられた叡智、ヨーガの視点から、これまで誰一人言及していないことも特別にお伝えしていきます。

聴き慣れない言葉や、難しく感じられる箇所が出てくるかもしれませんが、最初のうちは分かりづらいところは読み飛ばしていただいてもかまいません。
頭で理解できなくとも、繰り返し言葉に触れていくうちに、あなたの内側から懐かしい響きが広がり、魂の奥深くで理解されていくことでしょう。

ぜひじっくりと大切に読み進めて、神の国日本の美しい神社の秘密を知り、見えない世界との交流を深めつつご自身の内面を探求し魂を磨いて、最高の人生を手に入れていただければと思います。

森井　啓二

もくじ

はじめに 2

序章 神社の真の目的 9
神様の天意と人の愛を合わせる

・稀有なる聖地、神社 10
・地球規模での見本となる資質 13
・神社が設立された真の目的 14
・惟神の道を正しく歩むために 18

第1章 知られざる神社の心得 21
心神の秘密を解き明かす

・日本は素晴らしい神の国 22
・神社と人の身体 25
・人生を美しくするための秘訣 28
・宇宙照応・天地照応 31
・人が地上に降りてくる理由 33
・神との合一への特別チケット 36
・「心」とは神様からの贈り物 38

・意味が多重に込められた漢字 43
・宇宙の霊的周期 45
・霊的進化に応じた神々との繋がり 48
・神社の正式な参拝とは 51
・五大元素を体験する 54

第2章 神社参拝への道 内的探求と照応した参拝 57

・神社参拝の秘訣 58
・神聖な場所への門、鳥居 59
・「地」のエネルギーを意識する 62
・真我に響くアファーメーション 65
・神へと向かう意志を強める 67
・光の道、参道 70
・心の静寂を深めていく道 73
・参道と生命エネルギーの経路 76
・自然の中で氣を感じる 78
・禊の場である手水舎 81
・心身を清らかにする水 85
・思いと言葉と行為の清浄化 87
・生命エネルギーと欲の正しい使い方 90
・健全で規則正しい生き方 93

・生命体として存在する龍　95
・わずかに残る煩悩を祓う神門　97
・「神使」としての動物たち　99
・狛犬は真我に向かう関門の門番　101
・神を敬い感謝する拝殿　105
・注連縄は「神氣」の象徴　107

第3章　神社参拝の秘訣
人の力と神々の恩頼が融合する世界　113

・真我を呼び起こす鈴の音　114
・御賽銭の深い意味　115
・二拝二拍手一拝は新しい作法　119
・神と真我との統合意識の目覚め　122
・生命エネルギーを利用するムドラ　125
・「守・破・離」の「守」　127
・「今」の自分を省みる　129
・願いを叶えるために　131
・美しい祈り　137
・願い事が叶うメカニズム　138
・物質世界での困難の真相　141
・心の穢れが起こす天変地異　144
・神社の本当の御利益　147

・「薫習」と「薫陶」 149
・最も神氣を体感できる御神事 151
・日本語の言霊の根源 155
・祝詞を美しく音読する 158
・神からの閃きの象徴、紙垂 162
・御神木は鎮守の森のシンボル 164
・知的生命体として植物を尊重する 168
・神紋に秘められたエネルギー 171
・真我を思い起こすお神札・お守り 174
・神意を伺うおみくじ 177
・願いの実現を加速させる絵馬 181
・燈籠は真我の導きの灯り 187
・長者の万灯より貧者の一灯 189
・御神酒は神様への尊い捧げもの 194
・神と共に食事をいただく 198

第4章 神社参拝を進化させる
宇宙に遍満する完全な純粋意識を知る 203

・心と神社を照応させる 204
・神社参拝を進化させる 205
・ケガレとハレの仕組み 207
・美しく広がる真我の光 210

・感謝と喜びを味わうお祭り 213
・御奉仕は優れた霊性修行 217
・お祭りは能動的に楽しむもの 219
・隠された沈黙の本当の力 223
・神社の御祭神の歴史 226
・変容していく「神様の定義」 228
・心神の性質に照応する神々 231
・さまざまな場所、さまざまな名前 234
・人が神を把握する手掛かり 237
・創造主のさまざまな表現型 238
・魂の中にも存在する三種の神器 242
・愛と天意と合わせる 247

おわりに 250

巻末資料
◎瞑想のすすめ 254
◎祝詞 262

序章

神社の真の目的

神様の天意と人の愛を合わせる

◇稀有なる聖地、神社

神社のような「神聖な場所」を作りたがる衝動は、地球上では人間だけに備わるものです。その神聖な衝動に従って、世界中のあらゆる地に寺院や神社、教会、礼拝所といった、聖なる場所が作られています。

それは、**神聖で純粋な意識を取り戻そうとする、そして自分に内在している真我という神様を見出そうとする潜在意識の表れ**です。

水は上流から下流へ流れ、花は香りを伴って開花し、火は物を燃焼させます。それらはすべて、自然の摂理に沿った流れであり、それと同じように、**人は本来、崇高な目的を持って生きるもの**です。

本当の自分である真我は、「直日霊《なおひのみたま》」とも言われる神意識から生まれた分け御霊《みたま》です。海から波が生まれて、再び海と融合していくように、私たちも神様から生まれて、神様と融合していくことになります。

すべての創造物は、無限とも思える悠久の時の中で、無意識に至福の領域へと流れていくものです。

しかし、唯一人間だけは、意識的に至福の領域へと向かうことができる力を授けられています。つまり、**人間は神様の領域へと意識的に加速して近づくことが出来る**のです。

こうして、人々が神様に向かって歩んでいく、すなわち惟神《かんながら》の道を歩む助けとなる「聖なる場所」として神社は誕生し、繰り返し再生されながら発展してきました。そして、神意識に向かう多くの人々によって、神聖な状態を維持しながら、支えられてきたのです。

世界中には、素晴らしい「聖なる場所」が数多く存在します。ギリシャの神殿やペルーのマチュピチュの神殿跡、エジプトのピラミッド等々……。

でも、現在ではそれらの多くは廃墟となり、祈りを捧げる聖地ではなく観光地となってしまっています。そんな中で、日本の神社は古い時代から今に至るまで、一部は観光地化しながらも、未だに生きた状態で保たれている稀有な聖地です。

現代の神社は、素朴なものから豪華絢爛《けんらん》な社殿が立ち並ぶものまで多種多様なものがありますが、そのどちらもが同じように大切にされています。

そこには**日本の「侘《わ》び寂《さ》びの精神」**があるからです。

「詫び寂びの精神」とは日本の美意識の特徴の一つで、外見上では劣っているように見えるものにも、素晴らしい長所を見出す心の在り方です。

質素なものが、華やかなものと比較して劣ることはありません。満月ではない欠けた月にも、朽ちてきた木造の柱にも、ひび割れた茶碗にも、美しさを見出すことが出来るのです。

「雅《みやび》」とは優雅で上品なことを指し、「鄙《ひなび》」とは質素で素朴なことを指します。

日本の文化はこの「雅」と「鄙」の双方を重んじて、上手く融合させてきました。神社はこの「鄙」の精神があったからこそ、尊重されてきたとも言えます。

人が創造する美と調和と平安は、本来物質的な富とは関係なく、心の中に源泉があります。日本で育まれてきたこのような価値観は、外界の諸条件からの心の影響を緩和し、心の静寂に繋がり、惟神の道に自然と導かれるものです。

◇地球規模での見本となる資質

現代のように神社に多種多様な形態が生まれたのは、一般的な宗教のように、特定の教典や教義が存在しないことも大きく関わっています。

神様は、言語化できるような極めて狭い教義に収めることは不可能なのです。言語を超越した神理を言語化しようとすると、どうしてもさまざまな制約が生まれ、神様でさえも制約されてしまうような誤解が生じることになります。

神社は長い年月、その時代に合わせて発展し続けてきました。それは、**個々人の思想の自由が尊重され、考え方に柔軟性がある**ことから、各地特有の風習や信仰、時には外からの風習も取り入れてきたからです。

生物は「水平伝播《でんぱ》」といって、両親から受け継いだＤＮＡとは別に、全く違う種のＤＮＡを自分に取り込んで、強靭《きょうじん》な身体を作り上げることが知られています。

日本人も、様々な文化や宗教を取り入れながら、独自の文化を創り上げ、発展してきました。

あらゆる宗教を分け隔てなく容認することが出来るのは、岩や草の中にも神様を見出す日本人の特徴があればこそ。
このあらゆるものを尊重して包括できる日本人の柔軟で広い心は、宇宙の法、神理に叶ったものであり、特に霊性進化が加速する時代には、地球規模での見本となる資質なのです。

◆神社が設立された真の目的

神社は、時代の変化に適合しながら、流行をも取り入れて、いまも独自の進化を遂げています。ただ、どんなに変わっても、神社が設立された真の目的だけは忘れてはなりません。

その一つ目は、**「霊主心従体属」という本来の状態を自覚すること。**

「霊主心従体属」とは、簡単に言うと**見えない世界が本当の実在であり、真我こそが主体であり、心は真我に従い、物質的な肉体は真我と心に属する道具であるということです。**

「霊主体従」という表現も、同じことを意味しています。これは、霊は心神（真我と心）、体は肉体を指していますが、同時に**見えないエネルギー世界が主で、物質世界が従という意味**も表しています。

私たちは物質界に存在していますが、その基盤は目に見えない世界にあります。
この物質世界での物事は、肉体を持つ私たちと肉体を持たない存在たちの共同作業で成り立っている世界なのです。

現代社会は、物質的な面ばかりに意識が向かう、「体主霊従心属」という状態になっています。私たちの意識は、あまりにも外側の世界に囚われ過ぎています。背後に限りなく広がる壮大な実在に気づかずに、意識が外側に向かって拡散しているうちは、自分自身から遠ざかり、光明を得ることは不可能です。

「霊主心従体属」を意識するようになると、**目には見えない実在世界においては、すべての存在に密接な繋がりがあることに**驚くことでしょう。

私たちが離れて存在しているのは、表面的な物質世界だけなのです。

二つ目は、**神氣を体に浸透させて、心を崇高な方向へと向けること。**

「神氣」とは、神意識と神エネルギーを合わせたものです。それらは、あらゆるものの背後に遍満しています。でも、それに同調しない限りは共鳴することができません。

神氣と同調するためには、人の氣を神聖な領域にまで高める必要があります。具体的には、日常生活における清らかな思いと言葉と行動を通して、人の顕在意識を超越意識、神意識へと高めていくことです。

神社は、日常生活では体験しにくい強い神氣を体験する場を創ることによって、私たちが神々の周波数に同調する助けとなってくれます。

三つ目は、**自分の中に眠る優れた性質を、それに照応する神様の神氣で目覚めさせること。**

神社によって祀《まつ》られている神様が異なり、今の自分に必要な神社を選ぶことが出来ます。

四つ目は、**見えない存在たちとの繋がりを強化し、深めること。**

御先祖様を始め、神様と呼ばれる高級霊まで、見えない世界にはさまざまな階層があります。

地上においては、肉体を持つ人の心の周波数に応じて、それに同調する存在たちが集まってきます。

崇高な志を持てば、崇高な波動を持った存在たちが集まってきます。目には見えなくても、その繋がりを大切にすることが、素晴らしい成果を得る秘訣となります。

そして五つ目、**最も大切な究極の目的は主神《すのかみ》との合一**です。

神人一如、万法一如などとも言われますが、多くの人にとっては途方もないこと。近所の里山への散歩のことを話しているかと思ったら、いきなりエベレスト登頂の話をするようなものです。神社が担う役割は、山で言えば里山からエベレストまで、地上に生きるあらゆる精神階層の人に向けた、とても幅広いものなのです。

時空を超越し、神との合一を果たした聖者は次のように言いました。

「外側に神を求めているうちは、たとえ八千年の間ヨーガを修行し続けたとしても、神に到達することはない」。

つまり、神社で神人合一するのではなく、神社を神人合一の疑似体験の場として、自分の内的世界の探求のために利用するのです。

「神との合一」とは、神様の天意《あい》と人の愛《あい》を完全に合一させることです。

神さまの天意は、永遠無限、公正、純粋純真です。その天意に自分の心の愛を合わせる、これが私たちの魂の真の目的です。

天意と愛が同じレベルでなければ、ぴったりと合わせることはできません。神様の天意と同じ愛の使い方をすることで、魂は本来の輝きを取り戻します。愛は、輪廻転生を超えて永遠に持ち越せる、魂にとって最も貴重な財産なのです。

◈惟神の道を正しく歩むために

お釈迦様は、「心にはすでに宇宙のすべての存在を含んでいる。それを真に理解すればどんなことを望もうと、すべてはすでに自分の中にあることがわかる」と述べました。

20世紀最大の超能力者と言われるエドガー・ケイシーは、催眠状態において得たリーディングの中で様々な言い方をしていますが、**「人間の生きる目的は、魂を完璧な存在である神（The Whole：万物の主）と調和できるまでに高めることにある」**と述べています。

さらに、北米先住民族の酋長《しゅうちょう》は、「唯一絶対、万物の創造元である大霊が存在し、我々を含む万物はその分霊として存在する。人間の目的は、大霊ともいわれる宇宙の意識を各々の魂に顕現することである」と述べています。

私たちの分け御霊は、大元の神様「主神（すのかみ・すしん）」から分けていただいたもの。

一本の大元の蝋燭《ろうそく》の火を、何本もの蝋燭に分け与えるように、創造主である究極の神様のエネルギーを分け与えられたのが私たちの魂です。大元の蝋燭の火も、分け与えられた蝋燭の火も、同じ火であることに変わりはありません。

人は魂を持ち、主神は魂を持ちません。ただ霊を持つのみです。

人の霊を魂と呼ぶのは、主神から「賜《たまわ》りし霊《ひ》」、つまり「たましひ」だからです。

自分自身がすでに神様の一部なのですから、神社が神様にお願いをするための場ではないことは明らかです。

神様と自分は、大海と波のような関係です。境界線も無く、分離しているわけでもありません。神社にお参りするのは、神氣を直接感じ、神様の天意と自分の愛を合わせて、その絆を強く美しくするためなのです。

神様と自分との絆のことを、サンスクリット語で「ヨーガ」といいます。

絆を美しくし、やがて**神様に到達するには、自分自身の内的探求を極めていく必要**があります。

自分自身に内在する神であり、本来の自分である「真我」を見出していくことが、真の惟神の道になります。

人は、外界のあらゆる物を探求します。買い物に行く時には、どこで何を買うかあらかじめ考えて出かけるといったように、外に向かう時には意識的に、計画的に行動します。しかし、なぜか自分自身の内側の世界に計画的に向かう人は、あまり多くいません。最も探求する価値があり、無尽蔵の宝を持った自分自身の心を後回しにして、意識を外に向け些細な物事を追い求めているのです。

私たちは皆、無尽蔵の宝物をすでに持っています。
それは達成して獲得するものではなく、ただ思い出されるべきものなのです。

神社は、見えない世界との繋がりを強化し、内的世界の探求、惟神の道を正しく歩むために創られたものです。真我を探求するという目的が明確になった時に初めて、人は神社を最大限に活用することができるようになるのです。

第1章

知られざる神社の心得

心神の秘密を解き明かす

◇日本は素晴らしい神の国

街のあちこちにあるコンビニエンスストアは、2023年現在、全国に5万7千店ほどあります。驚くべきことに、神社はそれよりも遥かに多く、少なくとも8万8千社以上、大きめの神社の境内にある小さな神社や摂社《せっしゃ》、末社《まっしゃ》まで合わせると、30万社ほどにもなると推測されています。全国の中学校は約9千9百校あるので、神社の総数はその数十倍にもなります。

さらに、道端から山の中にある祠《ほこら》や道祖神《どうそしん》、各家庭の神棚などまで合わせると、数えきれないほどの数の神社が存在するということになります。

伊勢の神宮を例にすると、天照大御神をお祀りする皇大神宮（内宮《ないくう》）と豊受大御神をお祀りする豊受大神宮（外宮《げくう》）の2社の正宮《しょうぐう》、伊雑宮《いざわのみや》を始めとする14社の別宮《べつぐう》、43社の摂社、24社の末社、42社の所管社（正宮や別宮に直接関わりがある神々が祀られている神社）と、合わせて125社もあるのです。

ただし、神社が数多く存在するからといって、欲張ってすべての神社を参拝しようとする必要はありません。神社の本質を理解することが出来れば、自ずと自分に必要な参拝ルートへと導かれます。参拝において最も大切なのは、数でも時間でもなく、自分に合った「質」と自分に必要な「神徳」です。

いずれにせよ、それだけ私たち日本人は、**どこにいても霊主体従を意識出来る環境に住んでいるのです。**それにもかかわらず、多くの人が物質至上主義に洗脳されてしまっているのは、いったいなぜなのでしょうか。

これだけ身近にありながら、神社の参拝方法や心得《こころえ》が、家庭や学校で教えられることはほとんどありません。

あなたはいかがでしょうか。なんとなく知っている、誰かの様子を見よう見まねで覚えたという人が多いかもしれません。神社の佇まいの清らかさ、美しさから、参拝と言うよりも観光地として訪れる人もいるでしょう。

神社の心得とは、神々についての深い理解と知識、そしてそれを日常に活用する能力のことです。きちんとその本質を知れば、神社はあなたの人生においてとても有益なものとなることでしょう。

実は**神社参拝は、自分自身の内側に在る真我（神・内在神）へ参拝する行為のシミュレーション**となっています。

さらには、物質世界と実在世界を繋ぐ役割や、神聖な場のエネルギーを保ち、地球の霊的磁場を安定させる役割なども担っています。

鎌倉時代に、武家政権のために「御成敗式目《ごせいばいしきもく》」という法令が制定されました。その法令の第一条には、口語訳すると「神様を敬う人々の純粋な心によって、神様の御威光（御稜威《みいつ》）は輝きを増し、神様の御神徳のおかげで人は運を開き導かれていく」と記されています。

つまり、**神様を敬う心の大切さとともに、神々と人がこの世界においてお互いに高め合うことを念頭に置くようにと、法令の最初に記されている**のです。この時代の日本では、見えない世界の存在を敬う精神がとても大切にされていたことがうかがえます。

いまではすっかり忘れかけられていますが、いつどんな時にも、私たち一人ひとりを守り、導き、愛に基づいた行為を最大限に発揮できるように尽力してくれている、見えない存在たちがいます。

ここでぜひ、今日まで自分を守り、導いてくれた多くの見えない存在たちの力を感じ、感謝の気持ちを伝えてみてください。

日本は、見えない存在たちを常に意識しながら共存共栄し、すべての存在の中に神様を見出して感謝を捧げることを誰もが理解している、素晴らしい神の国なのです。

◈神社と人の身体

身体は神体であり、神社と人間の身体は照応《しょうおう》しています。

肉体は、神様（真我）を祀る神社なのです。

「人」とは、その身体に神霊が宿る処であることから、「霊処《ひと》」、神霊を留めるということから「霊止《ひと》」とも書きます。

インドでは、肉体を「マンディール（神の宮殿）」と呼ぶことがあります。私たち一人ひとりの肉体には、神である内在神（ジーヴァ）が祀られているからです。

また、聖書にも「あなたがたは神殿であり、神の御霊があなたがたに宿っておられることを知らないのか」と記されています。

神社の境内は聖域であり、外壁や塀や鳥居などに囲まれています。境内にはいくつもの建物があります。そして本殿の中には、御神体があります。

神社の構造には人の意識を霊主体従に導く意図が込められ、さらに人間の身体全体を模した構造になっています。

人体に喩えると、神社の外壁や堀は皮膚に相当します。

建築物は、骨や内臓などに相当します。そこには見えない配慮で、霊的身体が配置されている神社もあります。鳥居や門は感覚器官の象徴であり、自我の境界を示すと共に、自分の身体と外界の出入り口を表しています。

神職（御巫《みかんなぎ》（巫女さん）を含む）の方々は、心です。いくら社殿が立派でも、神職の方々の働きがなければ、神域として機能しません。

そして御神体は、真我（内在神）です。

私たちが、生まれてから長らく、両親をはじめ数多くの人々に大切に育てられて立派な大人になったように、神社も、設立された時代から多くの人々によって大切に維持され、発展してきた聖域です。

そしてそこには、見えない存在たちの大いなる助けもあります。

神社の境内は神域として、常に清浄に保たれるように手入れがなされています。

同じように、**身体という生きた神社を聖域として保つために、絶えず心身に気を配り、良い状態に保つ必要があります。**

感覚器官から取り込むものも、清らかなもの・神聖なものだけにするように心がけます。

もしも、悪いものを取り入れれば、それは聖域を穢《けが》してしまうことを意味します。

肉体という神社を崇高なものへと変容させるには、境内も建築物も庭も御神体も、そして目に見えない神々も、つまり、**自分のすべての領域のエネルギーを、神様から与えられた神聖なものとしてイメージすることが大切**です。

また、肉体は真我の乗り物にも喩えられます。

現代科学では、技術者たちは宇宙を探索するために宇宙船の開発に力を注ぎ、多くの人たちは空を見上げてUFOを探しています。

しかし、物質宇宙を遥かに超えた本当のエネルギー宇宙にまで到達することの出来る最高性能の宇宙船は、私たちの身体であることを、私たちはしっかりと自覚すべきでしょう。

また神社は、魂が大霊から分かれて現在に至るまでの過程を、思い出させるためのものでもあります。

つまり、天地開闢《かいびゃく》の波動を体験することによって、大霊から分け御霊となった全容を自覚し、祖我一如《そがいちにょ》の気持ちを持って、再び大霊へと還っていく指針とするのです。

さらに、今自分の身体で起きている真我から顕在意識への流れの象徴ともなっており、この流れを意識するためのものでもあります。

◇人生を美しくするための秘訣

日光東照宮の神馬をつなぐ神厩舎《しんきゅうしゃ》に「見ざる・言わざる・聞かざる」の三猿で有名な彫刻があります。この彫刻は実は８枚の図となっていて、猿の一生という絵巻の形式を通して、人が地球に生まれてからの霊的発達の経過を示唆する図になっています。

ここに登場する三猿が目を隠し、口を隠し、耳を塞いでいるのは、現象界に埋没し自我意識に阻まれて実在の世界が見えない、正しいことが言えない、聞こえない、つまり「眠った状態である」ことを示しています。

真の幸福が心神から始まることが理解できないと、目に見えない世界に対して感覚器官を使うことは出来ないのです。

またこの図には同時に、「悪い物を見ない、言わない、聞かない」という、霊的進化への第一歩も示されています。これと同様の暗喩的表現は、世界各地に見られます。

私たちは、物質世界のエネルギーの浪費には関心があるのに、精神的・霊的エネルギーの浪費にはあまりに無頓着です。「悪いものを見る・言う・聞く」は、貴重な精神的・霊的エネルギーと時間の浪費でしかありません。

時間とエネルギーを最大限に活用し、人生を美しくするための秘訣は、**「美しいことだけを**

思い、美しい言葉を使い、美しく行動し、五感を美しく使う」こと。
言葉にするのは簡単ですが、実践するとなるととても難しいことです。

飛鳥時代には、美しい言葉を広めるために「撰善言司《よきことえらぶつかさ》」という役所が設けられ、「善言《ぜんげん》」という書物が編集されました。結局書物は完成しなかったものの、後世の万葉集や古今集などの善い言葉遣いを大切にする心の姿勢に影響を与えたとされています。

世界最古の長編小説群の一つとされる「源氏物語」は、今から千年以上前の平安時代中期の作品です。作者の紫式部は、中国文化から導入され当時貴族の間で流行していた漢語を一切使わずに、美しい大和言葉で１００万文字、22万文節もの大作を著したのです。

これは、社会が様々な時代の流行に流されていても、心と感性の中心には、常に美しい和の精神があることが示されたものです。

流行に翻弄され続ける現代の日本においても、世界の見本となる美しい和の精神は、一人ひとりが心の中で守り続けるべき宝なのです。

◇宇宙照応・天地照応

神社と私たちの関係性を理解するために、まず必要となる概念は「宇宙照応・天地照応」というものです。

「宇宙照応」を理解するために、宇宙の創造過程を見ておきましょう。

これを確認した聖者たちはその様子をサンスクリット語で伝えていて、当てはまる日本語はありません。すこし難解に思えるかもしれませんが、ゆっくりと味わってみてください。

この宇宙の創造は、純粋な精神原理「プルシャ」と物質原理「プラクリティ」の創造から始まりました。

それらの極めて精妙な光（エネルギー）から、「タンマートラ」と呼ばれる五つの非常に精妙な光の元素が生まれました。タンマートラは、最も精妙なエネルギーである実在宇宙の末端領域にあり、そこで形成された五大微細元素がさらに波動を下げていくことによって五大元素が生じて、この物質的宇宙が創造されていきます。

この物質宇宙の雛型は、目には見えない領域で形成されています。

空から風が生まれ、風から火が生まれ、火から水が生まれ、水から地が生まれました。これら五つの光のエネルギーを五大元素と称します。

その五つの光が美しく調和を取りながら複雑に絡み合い、千態万様のエネルギー世界を創り出します。この様子は、真ん中に十字のある正円のシンボルで表されています。

そして、さらに波動を下げながら最終的に物質世界で万物万象として顕現していきます。

その不可視のレベルの過程において、万物万象は相互に関連し合い、分裂と統合を繰り返しながら、さまざまな相似的な関係性も創られていきます。

超高性能宇宙望遠鏡で見える天体の姿が、電子顕微鏡で見えるミクロの世界とそっくりだったり、腎臓と同じ形をした豆が腎臓の病気に効能があったり、足の裏や耳たぶに全身の縮図となるツボが存在するなど、一見物質的な世界では関係性がなさそうなもの同士でも、距離や大きさに関係なく共通のエネルギーパターンによって繋がり合っています。

実際に、銀河系同士の繋がった様相は、脳神経細胞の繋がりと非常に似ていますが、これも偶然ではありません。

最も注目すべきは、**神が創造した大宇宙と人体という小宇宙が完全に照応していることです。人の波動は、宇宙と共鳴しているということになります。**

これについては、多くの偉人たちも同様のことを述べています。

「人間の形は、神の形、大宇宙そのものの形である」（出口王仁三郎）

「天界は全体として、一人の人間を表象している」（エマヌエル・スウェーデンボルグ）

「人間は宇宙意識の縮図」（エドガー・ケイシー）

◇人が地上に降りてくる理由

人間の身体は、大宇宙と照応しているだけでなく、万物万象とも照応しています。

だから人の多種多様な病気に対しても、各々自然界にある特定の生薬が適合するのです。

これに倣《なら》って**神社も、人間の体や大宇宙などと照応するように考えられ創られています。**その目的は、神社を通して、人間に内在する神、そして大宇宙を創造した神を理解するためです。

神社は、特に日々の内的探求によって自分の内在神である真我に到達するための人体の霊的構造と照応しています。

神社の構造とその主旨を理解すれば、神聖な志を維持したり、崇高な意識を鼓舞したり、心を清らかにしたり、心を生まれ変わらせるためにも、活用することが出来ます。

生まれ変わりと言えば、神社の構造は女性の生殖器官にもよく喩えられています。

鳥居が女性の外生殖器、参道が産道、社殿（御宮）が子宮、鎮守の森は血管やリンパ管と生命エネルギーの経路である「ナディ」などに照応できます。

御宮で自分自身と神様を合わせて、自分が分け御霊であることをしっかりと自覚し、再び参道を通って外の世界へと出ていきます。これは「生まれ直し」の象徴となります。

赤ちゃんは生まれてくる時には、誰もが純真無垢の状態です。生まれ直しの儀式には、**俗世間で欲と執着にまみれた心をしっかりと洗い流して、赤ちゃんのような純真さを取り戻す決意を**するという目的があるのです。

私たちの誕生日は、一般的にはこの世に生まれた日を指します。

でも、人が本当に「生まれた」と言えるのは、その崇高な目的に気づいた時なのではないでしょうか。地上に生まれてきても、本能と欲望の中だけで生きて死んで、輪廻転生を繰り返しているうちは、真の意味で人として生まれたとは言えません。

人は地上に、種子のような形でやってきます。種子の中にいれば殻に守られ、安全で苦労もありません。しかし、地上に下りてくるのは、開花し、結実するためです。種子が、成長し美しい花を咲かせるためには、発芽しなければなりません。

第一の誕生日は、肉体を持って生まれた日（種蒔き）
第二の誕生日は、霊性に気づいた日（芽生え）
第三の誕生日は、霊性進化の道を実践し始めた日（成長）
第四の誕生日は、覚醒した日（開花・結実）です。

自分が今どの段階に在るのかを自覚すれば、今後どうすればよいかは自ずと明らかになるはずです。

神との合一への特別チケット

神社を深く理解するために、ここで人体の構造をおおまかに理解しておきましょう。

人の体は、エネルギーの観点から大きく分けて、肉体・微細体・原因体の三層構造で出来ています。

肉体、微細体、原因体の順に、そのエネルギーはより微細に、より精妙になっていきます。

この三層構造は、「土・水・火」「現界・幽界・神界」「地・空・天」「動物性・人間性・神性」などさまざまな三層構造と照応しています。

肉体も実は、エネルギーだけで構成されています。物質に見えるのは、実像が肉体の感覚器官の知覚能力の限界を超えているために起こる、感覚器官の錯覚によるものです。

細胞から、分子、原子、素粒子、仮想粒子、宇宙原子へと遡っていくと、そこには精妙なエネルギーしか残りません。つまり、肉体や物質は、エネルギーと分離したものではなく、一つのエネルギーの流れの中で一体であるものなのです。

そして、最も精妙なエネルギーで構成された原因体の中心には、極めて精妙で純粋なエネルギーである真我が鎮座しています。

真我は、私たちが神様もしくは分け御霊と呼んでいる、私たちの本当の正体です。

私たちは、惟神の道を歩むうちに、肉体から微細体、原因体、そして真我へと到達していくことになります。

ある聖者は、次のように言いました。

「もし人間が肉体を持っていなければ、たとえ離欲を達成し、深い信仰心を持った賢者であっても、解脱に達することはできない」

今、この地球上で肉体を纏《まと》って存在していること、実はこれは神との合一への特別チケットを手にしたようなものなのです。この宇宙一ラッキーなチャンスを無駄にするわけにはいきません。

肉体、感情、欲望、心、これらすべてを清く正しく使うことが出来れば、自分の最も奥にある真我へと真っすぐに向かうことが出来るのです。

なお、私たちは瞑想やヨーガの技法、自然界の力を応用することによって、肉体を含む精妙なエネルギー体を霊的に知覚することが出来ます。

巻末に、瞑想の方法について簡単にご紹介しますので、ぜひ活用してください。

◈「心」とは神様からの贈り物

神社を理解するために必要な、人の「心」のお話もしておきましょう。

日本の和の中心には「心神（しんしん・こころかみ）」という考え方があります。

これは、**誰もが自分の中心に神様を持っていて（この神様こそが自分そのものなのですが）、その神様を心が包んでいるという状態**を表したものです。

心は、西洋ではハートマークの形で表されます。これは心臓の形に由来するものです。

一方で、日本では古代から、心は丸いものとされており、その丸は二重構造「◎」で表記されていました。外側の丸は「心」、内側の丸は「真我」。つまり内在神である真我が心に包まれていることを示す記号ということになります。

このように、真我が心によって包まれて存在しているという事実は、時空を超越した多くの聖者たちによって確認されています。それでは、神様である真我を包んでいる「心」の正体とは、いったいどのようなものなのでしょうか。

「心」は、目で見ることも出来ず、触ることも出来ません。でも、誰もが確実に「心」を使っています。「心」は、光よりも遥かに速く動き、常に揺れ動き、力を持ちます。

「心」は、あらゆる経験と共にあります。私たちが五感を使って、見たり聴いたり感じたり、さらには認識したりするために「心」は働いてくれています。

「心」とは、神様から人間が授かった最高の贈り物なのです。

「心」は、４つの構成要素で出来ています。

この４つのエネルギー体を表す的確な日本語がないため、ごく簡単にはなりますが、サンスクリット語で説明します。

現代人はいまだに、肉体構造でさえほんの一部しか理解することが出来ていません。エネルギー体の構造にいたっては、ほとんど何も理解していないと言ってもよいでしょう。

肉体の構造ですら、人智を超越するレベルの驚くほど精密な創造物なのです。それを遥かに上回る極めて精密で精妙なエネルギー体の構造をほんの少しでも垣間見ることが出来れば、人々の心身に対する意識は大きく変わることでしょう。

初めて聞く言葉に混乱してしまうかもしれませんが、ぜひあなたにも、これらのエネルギー体について、理解を深めていただければと思います。

「マナス」「ブッディ」「アハンカーラ」「チッタ」、この４つのエネルギー体が連動して、「心」として働いています。これらには、それぞれにセンターがあります。

ブッディとマナスは、脳内にセンターがあります。脳内にブッディがあり、その上の頭頂部に近いところにマナスが位置しています。これらの波動は、肉体では神経系を通して全身に広がります。

アハンカーラとチッタは、ハートにセンターがあります。真我はチッタに包まれ、その周りをアハンカーラが覆っています。これらの波動は、肉体レベルにおいても心臓血管系を通して、全身に循環浸透します。

「心」を構成する４つのエネルギー体は、それぞれ次のような性質を持っています。

【マナス】　４つの心の構成要素の中で最も活動的で、感覚器官を支配しています。マナスは、あらゆる次元のあらゆる情報を受け取る働きをしています。受け取った情報は、ブッディへと伝達されます。

【ブッディ】　認識や知識など、あらゆる情報をマナスから受け取り、分析し、識別する働きをしています。聖典によって、さまざまな名称で呼ばれています。

【アハンカーラ】　自我（エゴ）を創る心の基本体となります。

ブッディによって認識されたあらゆる情報に、「私は〜である」「これは〜である」といった利己的・個人主義的な思いを貼り付けます。自我意識や分離感、高慢さ貪欲さ、偽善、利己主義などは、アハンカーラの働きによるものです。アハンカーラは、常に他の心

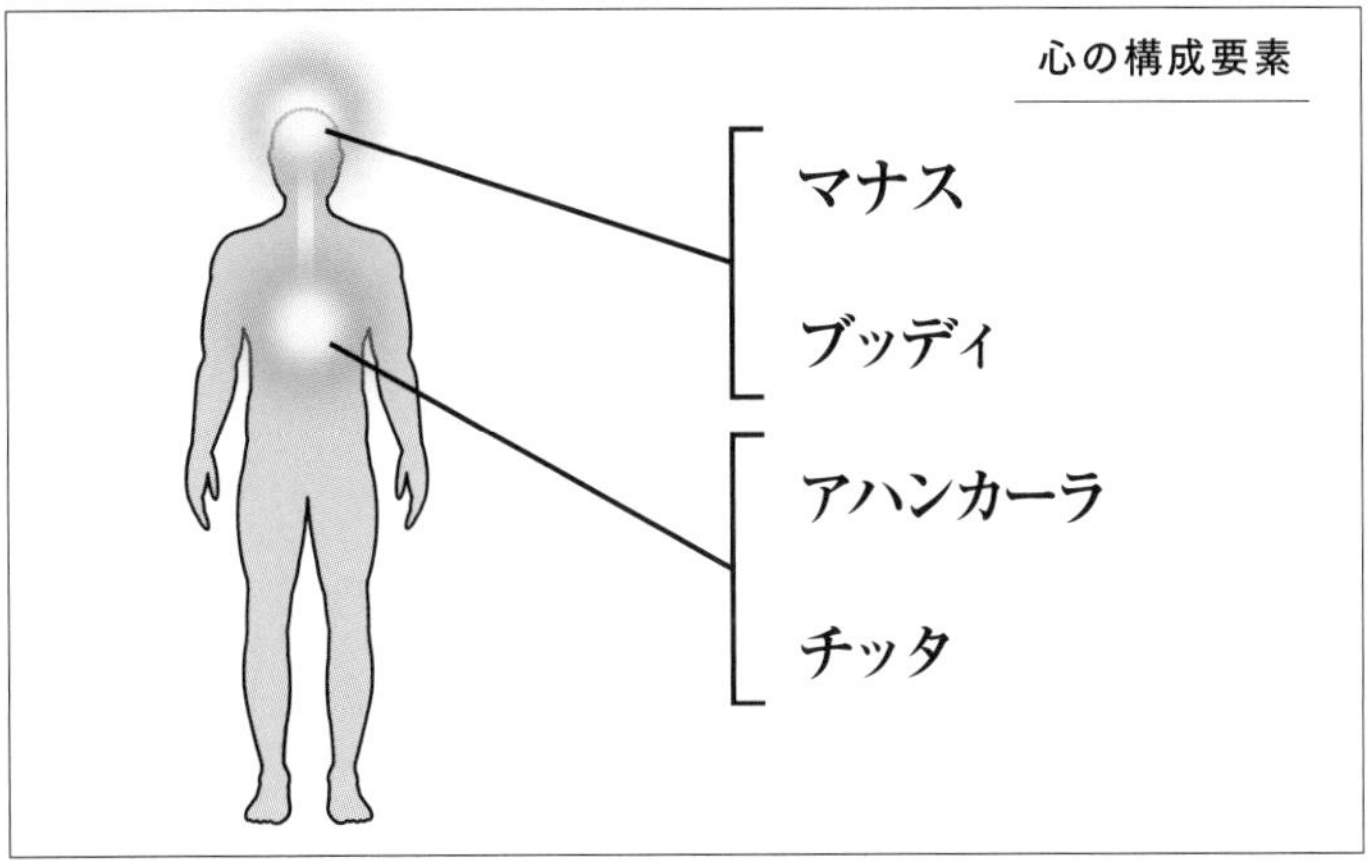

の構成要素の活動状態において、強い自我意識を主張し、煩悩を増幅しようとします。

【チッタ】 心の各要素を支える基盤になっています。包み込むように真我に貼り付いています。チッタと真我が一つになることによって、生命の活動力が生じます。

チッタは、心の土台とも言われ、生命体に感情を生じさせ、記憶を貯蔵する重要な働きを持ちます。また、すべての心の印象を真我に伝える役割があります。

これら4つの心の要素はそれぞれ、清浄な性質（善性：サトヴァ）、過剰に動的な性質（動性・激性：ラジャス）、暗く怠惰な性質の三つの性質（暗性・鈍性：タマス）という3つの特性の影響下に置かれます。

「心」は本来は純粋で清浄な善性優位の状態なのですが、人生における様々な出来事により落ち着きなく不安定な動性優位な状態や、鈍く重く不活発な鈍性優位な状態などに陥りがちです。

神道における「禊祓《みそぎはらい》」とは、心を清浄な性質に変容させていくための所作になります。

◈意味が多重に込められた漢字

「心」という漢字は、心の構成要素の特徴をとても的確に表現しています。

書き順でいうと、アハンカーラ、チッタ、ブッディ、マナスの順で表現されて成り立っています（左図参照）。

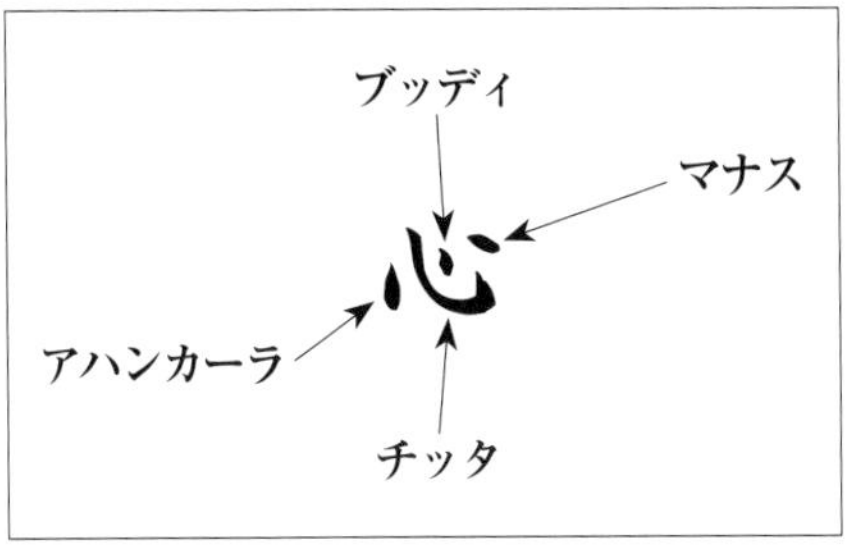

チッタは心の土台となるべき部分ですが、アハンカーラの作用によって、まっすぐではありません。

チッタは心の受け皿という表現をする聖者もいますが、自我を作るアハンカーラは、このお皿の上におとなしく乗っていてはくれません。またアハンカーラはどんなことでも、自分優先にする性質を持っていますので、書き順も一番最初がアハンカーラからになりますし、他の3つの要素とは同調せずに、自分勝手な方向を向いています。

チッタの真上にはブッディとマナスが乗っています。マナスがチッタの真上ではなく、少し離れたところにあるのはマナスの自由さが表現されたものです。

ちなみに「人」という漢字にも、やはり多重に意味が込められています。

代表的な意味としては、主神から分け御霊として二元性の世界に降りてきて、二元性のどちらでも選べる自由意思を持っていることの象徴です。

さらに、二元性の世界から神と再び合一する象徴にもなっています。


「悟り」という字は、「心」の字を立てた「忄（りっしんべん）」に「五」つの「口」と書きます。

霊視によってハートにアプローチした時に、心に包まれた真我の光が五つの開口部から見える現象があります。「悟」とは、その段階にまで到達したことを示す漢字になります。

このような**深い意味が多重に込められた漢字が存在するのは、大切な漢字が作られる際には、高次元の存在たちの介入がある**からです。
科学技術の発展と共に、精神的霊的な理解が再び芽生えつつある現在、高次元の存在たちによって完璧に計画された絶妙のタイミングで、多くの人たちにインスピレーションを与えるという形をとって、高次元の智慧が人々に理解できるペースで伝授されていき、少しずつこの世界の秘密が解かれ始めています。

この物質世界は、肉体を持つ人間たちの自由意思に任されているものの、あらゆることが見えない世界からの大いなる手助けによって成り立っています。

それがよく表されているのが、感謝を表す「お陰さま」という言葉です。また、「ついている」という言葉も、実は見えない世界の手助けが「付いている」という意味なのです。

◆宇宙の霊的周期

神社の始まりを知るためには、地球上の人間の霊的周期の理解が必要です。

人間の精神的特性は、宇宙に存在する大小さまざまな周期に影響を受けます。大きな周期では43億56万年を一周期とするものから、極めて短い周期のものまであります。

その中で**最も地球人の霊性に影響しやすい周期の一つとして、２万４千年を一周期とするものがあります。**この周期はとても重要なので、ここに概略を記しておきます。

地球を含む太陽系は、長い年月をかけて宇宙の霊的中心である「霊的太陽（ヴィシュナビー）」を周回しています。

その軌道は楕円形となっていて、地球が霊的太陽ヴィシュナビーに近づくと、人と神との関係が近くなり、遠ざかると、人は神との関係を忘れてしまいます。

天皇家の菊の御紋には、様々な照応を通して、深い霊的意味が多重に込められています。代表的なものとしては、16枚の花弁として表現されるある特定の部位の霊的中枢を表したものです。

またこの菊の紋章は、霊的太陽と人間の霊性周期も表しています。中心が霊的太陽ヴィシュナビーであり、一枚一枚の花弁の外輪がヴィシュナビーを周回する地球の軌道を表しています。この霊的周期を16回周回すると、地球はより精妙なエネルギー周期へとエネルギーシフトしていきます。

現在、地球の軌道は霊的太陽ヴィシュナビーに近づく軌道上にあり、この物質世界を超越したものを心の奥から求める気持ちが、万人にとって高まっていく時期に入っています。

宇宙の霊的周期は、４つの時期に分類されます。（左図参照）

人と神との繋がりが最も密接な「サティヤ・ユガ」、人が神との関係から少し離れた「トレーター・ユガ」、人が神から分離し、神を外界の遠くに認識する「ドワパラ・ユガ」、人が神から最も離れて物質世界に没入し、物質的な引力が強まる「カリ・ユガ」の４つとなります。

霊的太陽から遠ざかり、人と神との繋がりが離れていく下降期は、「サティヤ・ユガ（４８００年）」から「トレーター・ユガ（３６００年）」、「ドワパラ・ユガ（２４００年）」、「カリ・ユガ（１２００年）」へと移行します。その後、霊的太陽へと近づいていく上昇期に入ると、「カリ・ユガ（１２００年）」から「ドワパラ・ユガ（２４００年）」「トレーター・ユガ（３６００年）」「サティヤ・ユガ（４８００年）」へと移行していきます。

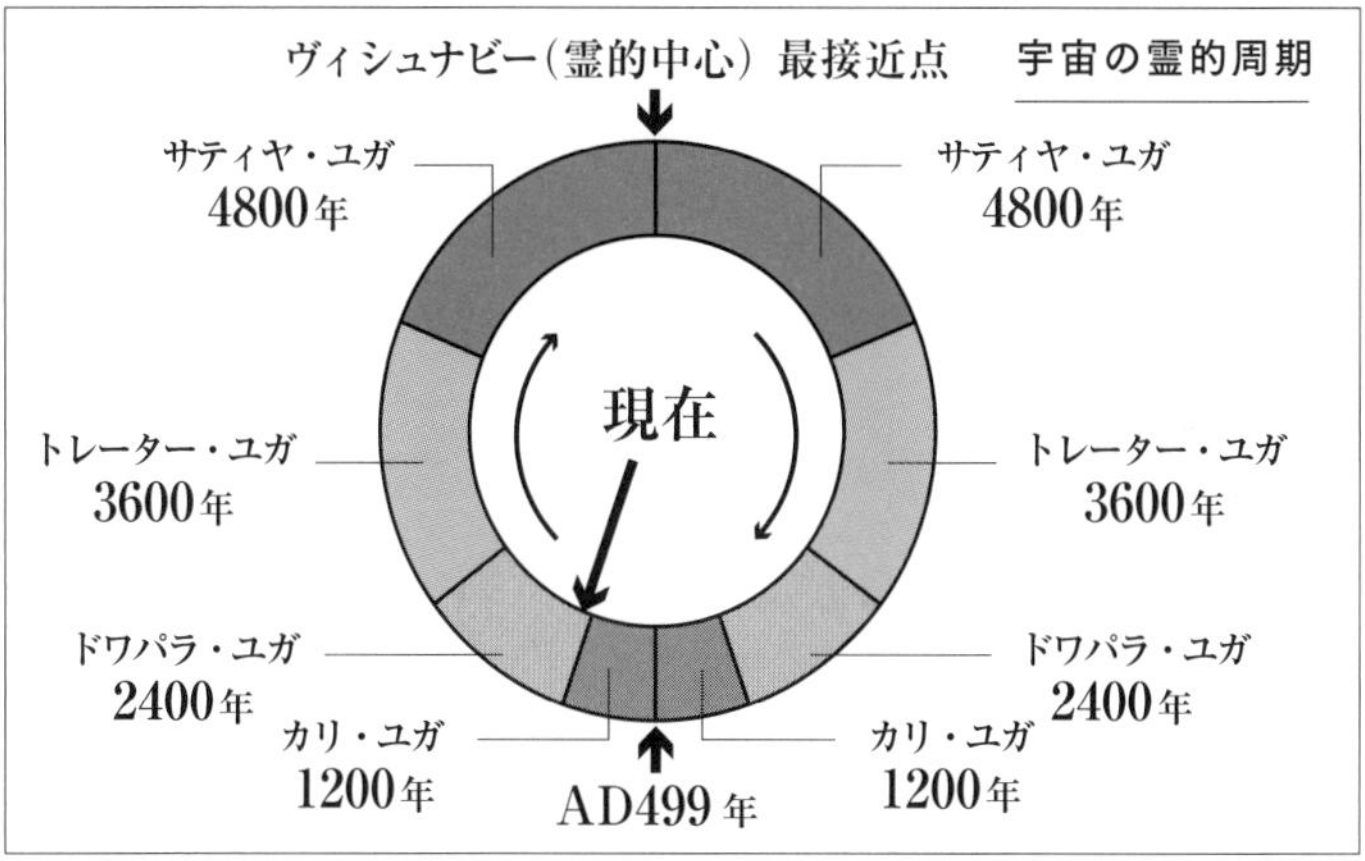

実は、現在進行中の周期では、すでに下降期は終わり上昇期に入っています。カリ・ユガの中で最も人が神から離れた暗黒点は、中世の頃になります。そして、現在2024年時点では、ドワパラ・ユガの上昇期に入っているのです。

これからは、人はより神の霊光を感じられるようになっていきます。それと共に、神の認識や神へのアプローチ法も進化していくことになります。

◈霊的進化に応じた神々との繋がり

宇宙の霊的周期の時期によって、地球環境の波動と人の集合意識としての霊的進化レベルが異なるために、その時々で神様への最適なアプローチ法も異なります。

サティヤ・ユガでは、瞑想が最も優れた方法になります。人と神様とが最も近く、神様と共に生きている時期です。

トレーター・ユガでは、祈りなどの儀式が優先されます。現在でも継承されている沖縄の御嶽《うたき》など、世界中の先住民族たちが伝統的に行う儀式の原点となる時期です。儀式によって神々と交流することが出来、まだ神社は必要ありません。

ドワパラ・ユガでは、神を祀ることが始まります。

この時代に、神社の原点が始まります。トレーター・ユガよりもさらに一歩、神から離れてしまうために、神との関係性を保つために、より具体的な仕組みが必要になります。トレーター・ユガまでは記憶力がより鮮明なため、文字にしなくても、むしろ口伝のほうが全てを覚えられ、より正確に伝えることが出来ました。それは手書きの手紙が、スマートフォンのメッセージよりも、より深く心を伝えることが出来るのと似ています。

それまで一般的な文字がなかったのは、必要がなかったからです。古代から使われてきた神代文字は、現在の文字のようなすべての人に向けられたものではなく、特定の人や地域に向けて創られたり、霊性の発達した人たちが特定の目的のために使用していたものでした。驚くほど多種多様な神代文字が存在していたのはそのためです。

また、神道と神社は同じ時期に生まれたと勘違いしている人も多いのですが、神道の長い歴史に比べれば、神社の歴史は浅いものです。

カリ・ユガでは、多くの人の意識が神から大きく離れ、物質世界が優位になります。

カリ・ユガに入ると、物質的な力が非常に強くなるために、清浄さと共に聡明さも著しく低下してしまいます。この時期に生きる人々は、自我が強くなり、物質的なものに強く惹かれ、欲望も増え、ほとんどの人が自分の真我と至上霊である神との繋がりを失ってしまいます。

霊的下降期においては、人々が物質世界で生きていく時に、神との繋がりを忘れずに、または思い出して、真我の探求を続けていけるように、物質的に目に見える形で惟神の道を示す、神社という学びの場が役に立つことになりました。

神社はこのような目的で生まれ、神様との繋がりを保つ人々が中心となって、大切に維持されてきたのです。

現在は、カリ・ユガが完全に終了し、ドワパラ・ユガの上昇期に在ります。

そのため、**神の光が入りやすい磁場が形成され始めて、多くの人たちが再び霊的な目覚めの段階に入っています。**

それは、鉄とコンクリートの独房から解き放たれて、美しい庭園に行く道が見えた段階です。美しい庭園に至るには、いくつかの扉があります。誰もがその扉の鍵を探していますが、その扉の鍵は自らの中にあるのです。

◈神社の正式な参拝とは

元々は、神を祀るのに本殿、社殿といった建造物は必要ありませんでした。**神のエネルギーは、自然界そのものにも私たち自身にも表現されており、万物万象から神氣を感じることができた**からです。

いまでも、本殿を持たずに山全体を御神体（御霊体）とする神体山は、奈良県の三輪山、埼玉県の御室ケ嶽《みむろがたけ》、青森県の岩木山、日光の男体山《なんたいさん》、山梨県と静岡県の富士山など、各地にあります。

これらの神社は、設立当初の伝統を守り、また一般には公表されていない部分も多いのですが、霊性が高い参拝者に対して重要なメッセージを伝える役割も持っています。

神聖な山の山頂に、奥宮や別宮を祀る神社はとても多くあります。これは神様が天から山頂を経由して下りてくることに由来しますが、実際に気づきやインスピレーションも、頭頂部に近い場所にセンターがある心の構成要素「マナス」を経由して、高次元から下りてきます。なお、海辺の近くでは、山ではなく沖にある島を経由することになります。

熊野那智大社の別宮・飛瀧《ひろう》神社のように滝を御神体とする神社や、宗像《むなかた》大社のように、沖ノ島を御神体とするものもあります。

花窟《はなのいわや》神社のように、巨石を御神体とする神社も多くあります。現在は本殿や拝殿があっても、実は古い時代の磐座《いわくら》が隠れて存在している神社も多くあります。岩は人のエネルギーを記憶する性質を持つため、エネルギーを移せる能力のある人にとって、御神体としては最適だったのでしょう。

変わったところだと、空気が御神体の神社や、生命力の象徴でもある性器が御神体の神社などもあります。どのような御神体であれ、その本質は同じです。

霊性が高いサティヤ・ユガの時代には、人々は自然界全体が神の表現であることを真から理解していました。**自然界から学ぶことが、神様、すなわち天意である宇宙の法を学ぶことだったのです。**

時代を経るにつれて、自然界の中で特にエネルギーの集まるポイント、エネルギーを記録しやすいポイントである大きな樹木や巨岩、また山全体が、御神体または神の依り代として崇められるようになっていきました。

御神体を磐座として、その周囲の聖なる空間を大切にして磐境《いわさか》と呼びました。神のエネルギーが集中して下りてくる地点を神籬《ひもろぎ》、神籬や磐境を包む聖なる場一帯を神奈備（かむなび・かんなび・かみなび）と称します。

かつては、山へ入って修行体験することが、真我に到達する道の一つでした。でも、誰もが厳しい環境の山中に入り、覚醒できるわけではありません。

そこで、誰もが自分の中の内在神を自覚するために、疑似体験による修練の場、つまり内在の世界を外界の世界へ投影したものとして里に構築されていったものが神社なのです。

神社の正式な参拝とは、神社と自分の身体（御神体）を同調させることを常に念頭に置いて行

うものです。

惟神の道である神道は実践そのものであり、釈迦大師の教えである仏教の教典も、読むだけのものではなく実践するためのものです。

知識と体験は常に一体であることが肝心で、そこから気づきと智慧が生まれてくるのです。

◇五大元素を体験する

神社は、五大元素を学ぶ場にもなっています。

五大元素の流れを表現したものを、「氣」といいます。

日々瞑想を続けていると、次第に深い静寂を体験できるようになっていきます。深い瞑想状態になると、第三の眼によって創造主から発せられる光を見ることができます。

金色の光の輪に囲まれた青い空間の中心の中に五つの閃光を発する白い星、これは誰でも見ることが可能な、美しく壮麗な光です。

宇宙のすべての存在、すべての現象は、創造主から発するこの五つの純粋な光のエネルギーから構成されています。

その光は、私たちが肉眼の目で見るそれよりも遥かに微細なもので、すべてのエネルギーや目で見える光の源となっています。その光が、波動を下げながら粗大化していき、物質次元でも知覚できる物理的な元素として具現化していきます。

この五つの光は、その性質から「地・水・火・風・空」の五つの元素として表現されています。**万物万象はすべて、この五つの元素の波動で構成されています。**

この五大元素をバランスよく体験し、一つひとつの元素を丁寧に紐解いて理解することは、自分自身、そして宇宙の全容を理解することに繋がります。

頭だけでなく、五感と第六感、ハートの意識をすべて使った体験はとても重要です。

頭脳は、体験を的確に効率よく行う準備と、ハートで体験した学びを整理するために使うものです。体験を熟成させて経験に変え、さらに智慧に変容させる役割を持っています。

この五つの光が、自分を含む万物万象に内在することを自覚して、内的探究を行うことで、霊性は格段に進化していきます。それが、世界各地の聖者と呼ばれる多くの偉人たちが、山に籠り修練を行っている理由の一つです。

なお、五大元素の修練については、拙著『光の魂たち　山岳編』シリーズで詳説しています。

第2章

神社参拝への道

内的探求と照応した参拝

◇神社参拝の秘訣

神社の参拝は、瞑想で真我に到達するシミュレーションになっています。
ただ、ここでお伝えすることを、いきなりすべて実行する必要はありません。

瞑想も神社参拝も、気軽に始めて、気楽に長く続けるのが秘訣です。
神社参拝は、「真面目に」よりも「わくわく楽しく」を優先してください。もちろん基本的な礼節は必要ですが、自分に出来る範囲で、気軽に楽しむことを意識して参拝しましょう。

何かを学ぶ時、何かを受け入れる時、何かを楽しむ時には、充分にリラックスしてわくわくした状態が最も良いのです。
最初は、観光地のように訪れていた神社も、自分の内側の霊的渇望が高まり、神社の必要性を自覚した時に、神社のさまざまな所作や仕組みに隠された真意が理解されるようになっていきます。

さて、いよいよここからは神社へとご案内をしていきましょう。

神社参拝は、行きたいと思った時点から始まっています。観光モードで行くことも、参拝モードで行くことも、瞑想モードで行くことも、行く人が自由に決められます。どのモードで参拝に行っても、**神社は太陽の光のように分け隔てなく受け入れてくれる**のです。

◇神聖な場所への門、鳥居

鳥居とは、神聖な場所へ入るための門であり、**神聖な場所である御神域と俗界を分ける結界の象徴**です。

鳥居と同様の構造は、世界各地の寺院にも見られます。例えば、古代のインドの寺院には、似た形の「トーラナ」という門がありました。

鳥居が朱色であることが多いのは、中国から伝わった朱色が厄除けや魔除けになるという風習に基づいていますが、この朱色の顔料は古代から利用されてきた辰砂《しんしゃ》と呼ばれる鉱物であり、木材の防腐剤として、風雨に晒《さら》されても長持ちする効果もあります。
鳥居は神社の顔であり、最も美しい場所に配置されているのは、人が外見をきれいにするのと同じことです。外見を清々しく整えておくことは、内面の美しさに影響します。

また鳥居の形は、人の外見がその人となりを象徴するのと同じように、人の二元性とその合一を表現した構造になっています。
鳥居を支える二本の柱は、神の愛と叡智、神の意思、陰と陽、力・エネルギーと愛、男性と女性、マインドとハート……。そして、それらを象徴する二本の柱を上方での架け橋で繋いで、完全な均衡をとっています。

さらにこれは、二本足でまっすぐに立つ人の形でもあり、ハートのチャクラにあたる部分に「神額」が置かれているのも、心臓部分に真我が鎮座することの象徴になります。さらに、鳥居の形は人の形であると同時に天の形でもあります。

鳥居は、別名「上不葺《うわぶかず》の宮」とも呼ばれている通り、それ自体がお宮の象徴にもなっています。地図で神社を表す記号にもこの鳥居の図形が使われています。

また、鳥居は、「憑居《とりい》」として神氣が留まるところという意味も重ねられています。

漢字の「鳥」の由来は、古事記の中に見ることができます。天岩戸《あまのいわと》開きの場面で、智慧の神、思金神《おもいかね》が「常世《とこよ》の長鳴鳥」たちを集めて鳴かせた話が収録されています。「常世」とは、天界だけでなく、幽界や物質界にも自由に行き来できるという意味も含まれています。

「鳥」とは、高次元の存在の象徴でもあり、十理《とり》（神の法）でもあります。この鳥は、永遠の国に時を刻み、天岩戸《あまのいわと》にお隠れになった天照大御神《あまてらすおおみかみ》を呼び起こす役割があります。これは**自らの真我を呼び起こす崇高な意識の象徴**です。

鳥居をくぐる行為は、真我を探求する最初の一歩を歩み始めることを意味しています。

鳥居をくぐる前には、まず一礼します。

これは神社と神様に対する敬愛の行為であり、神域に入る御礼の気持ちの表現でもあります。足元の大地をしっかりと見て、浮ついていないか、地に足がついているか、自分の心を確認するための所作でもあります。

また、神社参拝は瞑想のシミュレーションとなるものであるため、瞑想の始めに神や師に一礼するのと同じ所作にもなります。

そして、頭を下げるのは、頭の中の煩悩、知識、偏見、妄想などを振り落とすためでもあります。純真無垢の状態になって、鳥居をくぐるのが理想だからです。

鳥居をくぐる時には、鳥居の先に広がる御神域を見渡し、敬意の念をこめて一礼し、御神氣を受けながら身魂《みたま》を鎮めて入ります。

神氣をしっかりと感じるために、出来れば空腹時に参拝しましょう。

また、鳥居をくぐる前には、帽子を脱いでおきましょう。これは礼節と共に、神氣をしっかりと感じるためです。帽子を脱ぐことで、頭頂部近くにある氣を感じる霊的器官「マナス」の活動がより繊細になります。

◇「地」のエネルギーを意識する

神社の入り口である**鳥居で意識する五大元素は「地」**です。

神様へ心を集中して鳥居の中に入ることは、**「地の祓い」**となります。

地上でどんなことが起きようとも、平和な時も戦争の時も、穏やかな日も嵐の日でも、大地はすべてを平等に大きな寛容の精神で受け止めてくれます。

大地は、私たちの身体を形成する素材の源です。同様に見えないエネルギーにも精妙な地の性質を示す波動が存在しています。まずは、この土台をしっかりと安定させることが大切です。

鳥居から中に入るということは、外側の世界に向けていた意識を、内側の世界に向けていくことの象徴です。

鳥居とは、「大空を飛べる鳥が大地に居る」という語にもなっています。大地で力を蓄えてから飛び立つことで、天高くまで飛べるのです。内的世界の探求の始まりにふさわしい言葉です。

地の元素の強化によって心が安定して集中力が高まれば、心乱れた状態よりも、遥かに効率良く使命を成し遂げることが出来ます。

地が安定することで、霊的な高みにある叡智を地上に下ろして活用することが出来るようになります。

意識を集中することで、心は強く静寂な深い意識状態になり、すべての行為が心を豊かにしてくれるものへと変容してくれます。


地は、人の氣をはじめ、神氣が定着するとても大切な土台です。地の元素が欠乏しても過剰でも、氣は安定して定着することが出来ません。まずは、この土台をしっかりと安定させることから物事は始まります。

神氣がしっかりと感じられる神社は、地の元素のバランスがとれています。それを自分自身の地の元素と比べ、見習える部分があれば、取り入れてみましょう。


氣を感じる能力は、静かな場で沈黙の状態において育つものです。

実は、**日本人の氣を感じる能力は非常に繊細で優れたもの**です。何も氣を感じないと思う人は、ただその能力を正しく意識していないか、使わずに眠らせている状態なのです。

鳥居は、**「これから神様に参拝します」という意思表示をする場**でもあります。これは、神様に関心がない人たちが無差別に入り込むのを防ぐためです。

◇真我に響くアファーメーション

神社の本当の霊格、つまり霊氣は、神社の御祭神の神々や神域で働く神職の方々の氣だけでなく、参拝する私たち一人ひとりの真摯で深い敬愛の念の積み重ねによって、より高められるということを覚えておきましょう。

さらには、神職の代表格である宮司が、神様が下りてこられる「神柱《かんばしら》」となれるように、私たちも心がけ次第で自らが神柱になれるのです。

昔、寺院の入り口は「玄関」とも呼ばれていました。それには**玄人だけが入ることを許される関門**という意味があり、「悟りを真摯に求める人だけが門をくぐりなさい」という意味が込められていました。神社の鳥居にも、同じような意味が込められています。

神様へ向かう意思表示は、瞑想を行う前のアファーメーションと同じです。

アファーメーションとは、**「神に向かって自分自身に対する肯定的な宣言をする」**ことです。瞑想におけるアファーメーションでは、神々への尊敬と感謝、神様への祈り、神様への信愛の心構えを明確にします。それから瞑想に入っていくことにより、瞑想の質が格段に良くなることが知られています。

心を込めたアファーメーションを行う秘訣は、日常生活において、愛、慈悲、忍耐、喜び、和、平安、信頼、謙虚、思いやりを常に意識して行動することです。


アファーメーションは、真我に美しく響きます。

それは祝詞《のりと》も同じです。真我に響くものは神様に届きます。

言葉の持つ霊力は、人をはじめすべての生き物や物質、非物質などあらゆるものの波動を変える力を持ち、さらには時空を超えた領域にまで届きます。**言霊は、神様から授かった最高の楽器です。**


ある聖者は、**「心を込めたアファーメーションによって、宇宙に遍満する神聖なエネルギーを確実に動かして、自分だけでは成し遂げられないようなことができる。困難が起きた時にそれを**

乗り越えられる助けを必ず得ることができる」と、アファーメーションの大切さを語っています。

鳥居の中に入る時には、**心を神様へ集中して向けると、参拝の質が格段に良くなります。**これは、瞑想の時に眉間に在る第三の目の位置に意識を集中することの象徴にもなっています。さらには、神様へと心を集中する習慣をつけることで、参拝後の日常における内的探求の実践にあたっても、多くの見えない力が支えてくれるようになります。

また、「鳥居之祓《とりいのはらひ》」という鳥居から神域に入る時の祝詞があります。神域に入らせていただく心構えの言霊を奏上します。

「神《かみ》の在座《ます》鳥居《とりゐ》に伊禮《いれ》ば此身《このみ》より日月《ひつき》の宮《みや》と安《やす》らげくす」

◇神へと向かう意志を強める

神社を人体に喩えると、その敷地内は肉体の内側に相当し、鳥居は身体と外界の境界、そして鳥居の門は、身体を出入りする九つの門（目二つ、耳二つ、鼻孔《びこう》二つ、口一つ、生殖尿道孔一つ、肛門一つの合計九つ）に相当します。
神社の鳥居が、神に参拝する清らかな人だけを通すように、私たちの門から出入りするものも清らかなものだけにすべきだということです（例えば、口に入れるもの、口から出る言葉、見るもの、聞くものなど）。

さらに**鳥居は、人体そのものの象徴でもあり、真我の象徴**にもなっています。

例えば、鳥居の梁《はり》の構造は、高天原《たかまがはら》に最初に成り出た造化三神《ぞうかさんしん》の象徴でもあり、上の笠木《かさぎ》が天御中主神《あめのみなかぬしのかみ》、向かって右側の柱が高御産巣日神《たかみむすひのかみ》、左側の柱が神産巣日神《かみむすひのかみ》を表しています。
つまりこれは、人の魂が地上に下りてきたことの象徴でもあります。そのため、鳥居をくぐる時には、地上に下りてきて、再び神へと向かう意志を強めるという働きがあります。

鳥居がいくつもある場合には、「一の鳥居」、すなわち一番大きく外側にある鳥居が、参道への入り口となります。
この「一の鳥居」をくぐり、神域へと入ります。そして、本殿に近づくにつれて、「二の鳥居」「三の鳥居」と呼ばれる鳥居がありますが、これも肉体から微細体、そして原因体へと入っていく様子の象徴となっています。

また、エネルギー的に観ると、人間の体のエネルギーに存在するいくつかの層や、肉体と微細体の合間に存在する、各過去世の波動を持ったいくつもの不可視の層などを、多くの鳥居によって表現していることもあります。

神社を参拝後に鳥居から出ていく際には、出たところで振り返り、御本殿に向かって一礼します。この時、心の中で次のように唱えてみましょう。

「参拝させていただきまして、ありがとうございます」。

「祈りを聞いていただき、ありがとうございます」。

そして、**その後もしばらくは、心静かに清らかに保つことが大切なポイントです。**

それは、瞑想が終わった後で、ゆっくりと外界へ順応していくことの象徴になります。

神社に参拝した恩恵は、参拝後の生活に現れます。

新たに生まれ変わった気持ちを持って、清らかで純粋な心を意識して、愛に満ちた生き方を始めていくことが出来れば、神社参拝の最高の恩恵を受けたことになります。

◇光の道、参道

鳥居をくぐると、まっすぐに伸びる参道があります。

参道とは、「参上《まゐのぼ》りの道」という意味です。神域への入り口であり、また神様へと向かう崇高で情熱的な心の在り方と実践が「参上り」です。

「道」は、神聖なものにつける接頭語「み」と「ち」すなわち霊威（神氣）を合わせた言葉です。老子の著書の中には、主神の意識のことを「道」と呼んでいる箇所があります。

まずは、自分自身を神様に向かって導いてくれる光の道だと思って、参道を歩いてみてください。

神社に入る時には、**事前にその神社について理解しておくこと**をおすすめします。いまはインターネットなどでその神社の概要を知ることが出来る、便利な時代になりました。

さらに、神社にはわかりやすい所に由緒書が掲げられているので、読んでおくとよいでしょう。神社の由来や御祭神は実にさまざまで、その神社特有の神話なども語られています。**それらはすべて神徳という形で、人の魂のさまざまな側面に照応しています。**

ご縁があって訪れる神社は、すべて自分の中の魂に備わっている徳性を引き出してくれるものとなります。

参道で意識する五大元素は「火」です。

火の元素は、太陽の光がもたらすエネルギーや火の炎に象徴されるように、愛する力を強化し、創造力を活性化し、新しいことを始めるための活力を与え、何かを遂行する原動力となり、心を熱くし、性エネルギーの活性化、生きる力の喜び、明るさ、発芽・成長させ開花させ熟成させる力や直感を引き出す力があります。

そして上へ、エネルギーの高い方向へと向かう力もあります。

参道は、生命エネルギーの中でも最も動的で重要な性エネルギーが、霊的脊髄《せきずい》を天に向かって昇ることの象徴になっています。火は霊《ヒ》でもあり、見えない世界からのエネルギーの象徴にもなっています。

火の元素の強化によって活力を高め、ネガティブな思いは燃焼させて浄化し、氣を充実させます。火の元素の力で、まずは食欲と性欲を昇華します。正しい食生活と正しい性エネルギーの昇華が、他の欲望を放棄する鍵となります。

鳥居をくぐってから参道を歩く行為は、**瞑想が深くなっていくに従い、内在心を求め、真我を感じていくことの象徴**となるので、参道では、神社の奥の神域へと向かう気持ちを持って、静かに歩くことを心がけます。

参道を歩くことは**「火の祓い」**になります。

観光モードでなく参拝モードで神域に入った時には、同行者とおしゃべりしながら歩くことは慎みましょう。いずれにしても飲食しながら歩くことは控えましょう。

心が激しく乱れた状態で参道を歩くことも、もちろん好ましくありません。そのような場合には、まず深い呼吸を意識しましょう。また、他の参拝者の方々が騒がしくしていても、瞑想中に現れる雑念だと思い、気にしないことです。

ちなみに、神社の仕組の本質には、瞑想で雑念を超え精神集中が深まりきった境地に入らなければ、理解できないものが多くあります。

高次元の存在からの智慧だけで、神社を構築し維持していたのではなく、古の神官たちが瞑想を通じて神々との交流を行っていたことは明らかです。
神職にとって、永遠無限の領域へと入る修練は大切なはずです。それなのになぜ、現代の神道からは瞑想が消されてしまったのでしょうか。

◈心の静寂を深めていく道

鳥居をくぐったら、全身で神氣を感じると共に、まずはゆっくりと深い呼吸を意識して、神域の空気を肺にしっかりと馴染《なじ》ませてみましょう。**呼吸を通して延髄《えんずい》を経由し、神氣を体内に取り込んでいきます。**

繊細な人であれば、意識が変わることがわかると思います。

ちなみに、時空を超えた聖者からは、受胎の始まりである受精卵が細胞分裂する際に、最初に創られる組織は延髄の原型であり、延髄から生命エネルギーを取り入れて細胞分裂をしていくことが示されています。

御神意を求め、御神氣を感じることを意識して、沈黙を保ち、清らかな心を持って一歩一歩ゆっくりと歩きます。

参道は、心の静寂を深めていく道の象徴となります。

この道が、霊智《みち》（見えない世界を理解し、智慧を知ること）であり、霊智を調えた造化三神の三命《みち》であり、自分の身体を知る身智《みち》であり、自分が神の子であると知る子知《みち》であり、すでにありのままで完全であることを知る実知《みち》であり、気づきと智慧を深めていく満智《みち》となります。

このように、同じ発音の中に多重の意味を込められる言語を持つ日本は、**「言霊の幸《さきは》ふ国」**と呼ばれています。

参道には、玉砂利《たまじゃり》（霊砂利）が敷き詰められていることがあります。これはとても神聖なものだと意識してください。

実際に、境内の砂利や砂を「清めの砂」として販売している神社も多くあります。これは、神氣を感じ、神域を忘れないためです。

参道には、余分な物が置かれていません。これは、心を静寂へと導くための配慮です。

日本には美しい四季があります。鎮守の森の四季を感じながらゆっくりと歩くことで、忙しさの中で見失った心を取り戻すことが出来るでしょう。

参道の周囲に広がる神域の森には、風の音、樹木の葉がこすれる音、虫の声、鳥のさえずり、水の流れる音など、神のエネルギーの表われである自然界の奏でる旋律があります。

その**神域の奏でる旋律に耳を澄ませながら、自分の歩む足音を重ね合わせて、音祓いをしていく**のです。

歩くときの玉砂利の音を聞きながら歩いていくと、心が穏やかであるか、乱れているかがよくわかります。心が穏やかであれば、音祓いが美しい音楽となっていることでしょう。

自然界の声（地の声）と人の足音（人の声）を重ねていくその先に、物質世界を超えた天の声が聴こえるように心がけていきます。神社には、現代のデジタルによる音楽とは違い、可聴域を遥かに超えた天籟《てんらい》の旋律が流れており、それらは人間の身体に優れた影響を与えてくれます。このような神社で音浴を意識する音祓いも、**「禊《みそぎ》（耳注ぎ）」の一つ**です。

また、森の地面の下では、植物たちの根が美しく繋がり交流し合っています。

こうした見えないところにまで少しずつ視野を広げていくことで、私たちも見えない世界ではすべての存在と繋がり合っているということを、いつでも意識出来るようになっていきます。

◈参道と生命エネルギーの経路

参道の中央部分は、神智《みち》となっています。神智は神様の通り道であり、人が参道を歩くときは、参道の中心をやや避けて歩きます。

これは、**常に謙虚さを忘れない心を保つ**ためです。霊性進化の道を進んでいくにつれて、謙虚さはとても重要な要素となっていきます。謙虚さは、神理に到達する必要条件の一つだからです。

そして、もう一つの重要な理由は、瞑想中の観想において、霊的脊髄の左右に並行して走る生命エネルギーの主要脈管であるイダー（月）とピンガラー（太陽）のエネルギーの流れを、象徴的に体験するためです。

参道は、霊的脊髄に照応しています。

霊的脊髄の中央にある主要部分をスシュムナーといいます。そして、中心からやや左右に位置する生命エネルギーの経路がイダーとピンガラーになります。

神と共に在る時には、自分の中の神氣がスシュムナーを昇っていきます。これが「クンダリーニの火」と呼ばれるものになります。

イダーとピンガラーは、昼と夜でエネルギーの優位性が変わります。伊勢の神宮では外宮の参道が左側通行、内宮の参道が右側通行であるのも、このエネルギーの優位性と照応したものです。

私たちの体には、現代医学では未だ発見されていない生命エネルギーの経路（ナディ）が張り巡らされています。

最も細かく分類されている古代の文献では、ナディは35万あると記されています。その中で最も重要なナディは14ほど、さらにその中でも重要なものが霊的脊髄を構成するイダー、ピンガラー、スシュムナーと呼ばれる三大ナディです。この三大ナディが参道として表現されているのです。

意識の焦点が一番下の霊的中枢から霊的脊髄を上昇するにしたがって、私たちの意識状態は変化していきます。

参道をゆっくりと本殿へと向かう過程で、自分の意識状態を内観していくと良いでしょう。

先ほど言及したように、**参道は産道**でもあります。

参道を通ってお宮に参るということは、産道を通って子宮に入ることをも意味し、参拝によって新たに生まれ変わる、心を無垢な状態にリセットして生きるという意味となります。これは**真我を見出し、本当の意味で新しく生まれ変わることの象徴**です。

◇自然の中で氣を感じる

参道に入ると、感覚の鋭い人は**普段と違う氣を感じる**かもしれません。

神社には、神氣や眷属《けんぞく》（神の使者）の氣、鎮守の森の自然の氣に、人の氣も混ざります。

特に、休日の日中などの人気のある神社は、多くの人で混雑して人の氣が強まるため、出来るだけ早朝に参拝したり、平日に行くほうがよいでしょう。

氣を感知する能力は、誰もが持っている潜在的な力です。

普段から自然音に近い周波数帯で生活している**日本人にとっては、氣を感じることは得意分野になります。**特に日の出前から早朝は、氣を感じる力が最も高まる時間帯になります。

また、**神氣を最もよく感じ取れるのは、深い沈黙にいる時**です。

私たちが肉体を纏っているという意識を強く持っているのは、肉体レベルでの防御感覚です。とても複雑な防御感覚を持っているおかげで、さまざまな学びができるのですが、その反面、自らの意識によって肉体という概念に囚われてしまっています。

その囚われから解放されて、さまざまなエネルギーを認識するためには、いきなりエネルギー世界を探求するのではなく、この肉体を利用して（外界と内界の）自然の中で探求していくのが最善の方法になります。

氣を感じるための最も良い修練は、自然界の中に入り、自分本来の感覚を目覚めさせ、研ぎ澄ますことです。

食事は出来るだけ野菜中心で少量にし、心を鎮め、リラックスした状態で感覚器官に意識を集中します。

まずは、動物の鳴き声など、すべての生物たちの音に耳を傾けます。

そして次に、風の音、川のせせらぎ、遠雷の響きなどの、自然界の音に耳を澄まします。

次に、**場の空気を感じてみます。**

人によって差がありますが、次第に肉体的感覚を超えた不可視の世界の波動を感じ取れるようになっていきます。


目に見えない存在たちは自然の中で、頬をくすぐるそよ風や、ふと感じるかすかな心地良い香り、心に残るわずかな水の不思議な動きといった、わずかな自然現象の変化という形で語りかけてきます。


自然に入り、静寂の中でだけ感じ取れるこの感覚を意識するだけで、目に見えるものだけではない、本当の豊かさと深まりを感じることが出来ます。

精霊や眷属や高次元の存在たちは、こうして自我を消して話を聴くことのできる霊的感覚が目覚めはじめた人に向けて、語りかけてきます。

◈禊の場である手水舎

手水舎は、一般的に「てみずや」と呼ばれますが、他にも「てみずしゃ」「ちょうずや」など、さまざまな呼び方があります。

手水を取ることは、「水の祓い」である「禊」心の基本です。**手水舎の清水で清めることを、「手水を取る」と称し、禊の略儀になります。**

「禊」とは、天意（あい）のエネルギーによって創造された頃の、純真無垢な真我にもどるための行動の総称です。

惟神の道においては、どんなに修行しても、どんなに聖典を読んでも、どれほど日本中の神社を参拝しようとも、自分の心を清めなければ意味がありません。

心を清めることこそ、神道の真髄なのです。

心は物質ではないので、目には見えません。でも目に見えない世界を大切にしながら生きることを決意して、心を清めていくと、驚くほど美しく物質世界での生き方を再構築することが出来ます。


禊は、身体を起点として清めていく行為です。

祓《はらえ》は、心を起点として清めていく行為です。

禊と祓は、両方面からのアプローチによって効率よく心身を清める、大切な行為なのです。

最終的な目標は、心を完璧に清浄化する祓にあります。

ヨーガでは、「心の止滅」と表現されます。心の止滅も完全なる祓も、どちらも同じことを示しています。自分自身が完全なる真我として光り輝くために、必須なことになります。


禊祓や正しい生活習慣などによって、心身を清めることを「潔斎《けっさい》」と言います。自分自身の潔斎は、周囲の人々の潔斎となり、地域や国の潔斎へと広がり、さらには地球から宇宙の大潔斎へと繋がっていく道を創ります。

禊祓は自分の心身だけを清めるものではなく、究極的には宇宙全体を清めることに繋がっていくことも心しておきましょう。

手水舎で、意識する五大元素は、「水」です。

参道の「火《カ》」の次に「水《ミ》」と繋いで、「カミ」となります。

水は、物質世界において万物の母体であり、私たちの身体も、乾いているように見える宇宙も、すべて水が母体で出来ています。

肉眼では見えない隠身《かくりみ》の神様が宇宙に顕現したのは、水の元素を基盤としているからです。

水の元素には、浄化、清らかさ、安らぎ、平和、優しさ、柔軟性、潤滑、すべてのものを一つにつなぎ・拡げ・調和する力、無限の愛に向かって流れていく力、どんな形にも合わせられる能力、大地と密接に関連し合う安定感、胎児が羊水の中にいるような心地よさ、川のような自由な流れ、湧水のように湧き出る喜びや創造力などがあります。物質世界にいる心地よい喜びに満ちた波動を持っています。

そして、柔らかい水滴が硬い石に穴をあけるように、津波がすべてのものを押し流すように、水の持つ力強さは、想像するよりも遥かに大きなものです。

水の元素が強化されると、どこにいても自由で心地良く、柔らかさと清らかさを感じ、内から湧き出る喜びを感じることが出来ます。

水の元素の力で、さまざまな欲望と執着を放棄していくことも出来ます。

手水舎は、参道の中にあります。普通に考えれば、鳥居の前で禊を済ませてから神域に入るのが相応しいと思われるかもしれません。

参道の中に手水舎を置く理由の一つは、参道（火《カ》の元素）の途中に手水舎（水《ミ》の元素）があることにより、**行も帰りも、火水（カミ）の順序が守られる**からです。

人は神（火水）の世界にいながら、順序の逆転した物質世界本位の「水火」という勘違いをしてしまいました。それは、物質世界優先で流れが歪んだ水「巛」が火の上に乗せられた「災《わざわい》」という漢字に表れています。

私たちは物質世界での水を調え、さらに物質世界優先世界から、「火水（カミ）」の順序の天意の世界へと直していかなければなりません。

◇心身を清らかにする水

手水を取る行為は、「古事記」で伊弉諾尊《いざなぎのみこと》が黄泉《よみ》の国から帰還した時に、衣服をすべて脱いで海に浸かり禊祓をしたことで、すべての穢れが落ちたことに象徴された行為になります。ちなみに、葬儀の後のお清めの塩も、この伊弉諾尊が浜から海水で禊をしたことに由来しています。

海水に浸かる行為は、羊水の中にいる胎児に戻って生まれ変わるように、意識を無垢にすることの象徴でもあります。

本来は、参拝前に清流や海などで全身の禊をする儀礼があるのですが、すべての神社でそれを行うことは困難です。そこで、参拝者の誰もが容易に禊を出来るようにとの配慮から、手水舎が生まれました。

手水舎は、４本の柱と簡素な屋根で雨風をよけられるようにして、大きめの水鉢が置かれています。水鉢には、「洗心」「浄心」などの文字が刻まれています。身を清める行為の最終目的は、心を清めることだからです。

地球上の水は、およそ13億9000立方キロメートルあり、太古の時代から存在しています。水は、海や川、雲、雨、氷、地下水、時に植物の水分や動物の体液など、あらゆる形をとりながら、循環し続けています。今、手水を取った水も、それらの水が地球の自浄作用で浄化されて出てきたもので、太古では南極の氷だったことも、ワインだったことも、恐竜の涙だったこともあるかもしれません。

このように**私たちは、水においても万物万象と繋がっています。**この繋がりは、水だけでなく、すべての物質やすべてのエネルギーに共通したものであることを理解しておきましょう。

手水舎では、**まず、呼吸を調え、心を鎮めます。**

参道を歩いてきて乱れた呼吸を整え、参道で深い意識状態になった心を、さらにもう一歩鎮めるのです。邪念がなく、澄み切って落ち着いた明鏡止水《めいきょうしすい》の心が理想です。もちろん、最初から出来なくてもかまいません。そのような澄み切った心をイメージ出来れば十分です。イメージというのはとても大切で、正しく使えば心強い味方になってくれます。

次に、清らかな水を取り、手と口を清めます。

手と口を清める行為は、本来は清流や滝や海で全身を清める行為の象徴であり、**身口意《しんくい》をすべて清めることの象徴**にもなります。

手水を取る時には、「この上なく神聖なこの水で私の心身を清らかにする」という思いを持ちます。

ある聖者は「信仰を強く持っていれば、いかなる水も神聖な水となる。しかし、信仰がなければ、どんな聖なる水であろうと普通の水になってしまうだろう」と語っています。

水は入れ物に入れると、その入れ物の形にぴったりと収まります。同じように、水を使う人の心の在り方通りに、水はエネルギーの質を変化させるのです。

◈思いと言葉と行為の清浄化

それでは、実際に手と口を清めていきましょう。

まず、手の**水注ぎ（禊）**から行います。両手には多くの意味が多重に重ねられていますが、簡単に言うと、**左手の「ヒ」は「霊」、右手の「ミ」は「身」の象徴と覚えるとよい**でしょう。

最初に左手に水を注ぐ行為は、行動の成果を求めず全ての欲望を放棄する**（実削ぎ）**行為と、霊体の古いエネルギーを洗い流す**（霊削ぎ）**行為となります。

続いて、右手に水を注ぐ行為は、身についた古いエネルギーを洗い流す**（身削ぎ）**行為、そして最後にもう一度左手を清めるのは、霊に新しいエネルギーを注ぐ**（霊注ぎ）**ことの象徴になります。

口をすすぐことは、食欲に代表される感覚器官を使った欲望を清める**（味削ぎ）**ことと、口から出る言葉を清らかに美しい言葉だけにする**（美注ぎ）**ことの象徴になります。口は、感覚器官の代表格であり、また、言霊の門だからです。

特に口から出る言葉を清らかなものだけにすることで、心は浄化されていきます。口の禊ぎ行為で、口から出る言葉を清らかに美しくする決意を表明したことになるということは、ぜひ覚えておいてください。たいていの場合、三歩歩けば忘れてしまいます。

思いと言葉と行為を清らかに保つことは、惟神の道を歩く時にも、瞑想を行う時にも、とても重要な事項となります。

水を使った禊では、洗う行為と共に、清らかな水ですべてが芯から清らかになる心象を持ちましょう。心象は、禊の効果を増す働きをしてくれます。

ちなみに、レストランなどで出てくる「おしぼり」も禊の一種です。神様のエネルギーで育った神聖な食材をいただく前に、心身を清める心の在り方を再認識するためのものとして使いましょう。環境保護を考えてもったいないと思う場合には、心の在り方だけでいいと思います。

お風呂についても、西洋人は湯船のお湯を泡立てて身体を洗います。日本人は、身体をきれいに洗ってから湯船に入ります。これは、お風呂のお湯に浸かるのは、身体を洗うためではなく禊をする行為だと、日本人が潜在的に理解しているからです。

私は、お風呂に少量の天然塩、日本酒、重曹を入れて、ゆっくりと時間をかけて入浴します。時々昆布も入れますが、身体がさらに温まります。

朝一番に顔を洗うのも、意識すれば禊になります。サウナで「整う」ように、手水舎では心身を「調え」ましょう。

先ほど「禊」とは身体からアプローチする行為であると述べましたが、日常のすべての行為に心を込めることが、心身を清めていくことに繋がります。

最も清めなくてはならないのは、手や口や身体ではなく「心」だからです。

◇生命エネルギーと欲の正しい使い方

手水を取る行為は、ヨーガでいうと、ヨーガ八段階の第一であるヤーマと、第二のニヤーマに相当します。

ヤーマとニヤーマは、ヨーガを始めた人が最初に実践するもので、日常の行動を通して心身の穢れを祓う修練です。

現代では、ヨーガと言えばいきなりアーサナ（ヨーガのポーズ）から行うことが多いのですが、元々ヨーガのポーズは、まずヤーマとニヤーマを長年かけて十分に実践し、習得した後に行うものとされていました。

ヤーマ（禁戒／日常の心得）とは、生命エネルギーと欲の使い方を正しい方向へと向ける実践です。次の五項目からなり、自分の中にある真我からもたらされる徳性を育むという目的があります。

ヤーマ1：非暴力（アヒンサー）

暴力の波動が全くない慈悲深い者は、特有の美しい調和のとれた波動を放射します。その波動は周囲に慈悲深く優しい影響を与え、同じように共鳴する者を引き寄せます。

他の存在に対して暴力的な行動をするのは、人が無智の中で誤った認識を持つことに他なりません。

ヤーマ2：正直（サティィヤ）

心の思いと行動が矛盾していれば、自己の中でエネルギーの歪みが生じます。その歪みの波動は、自分自身を傷つけるだけでなく、周囲にも影響を与えてしまいます。

真我には、本来の純粋な自分しか存在していません。真我に近づいていくと、嘘偽りは必要なくなっていくのです。

ヤーマ3：不盗（アスティィヤ）

本当の自分ではないものを削ぎ落していくと、自分のものと言えるのは、真我、魂のみとなります。

不盗について真から理解できると、限りない感謝と謙虚な気持ちが生まれてきます。

ヤーマ4：禁欲（神に向かった生活：ブラフマチャーリヤ）

人は欲を持って地上にいます。それは生存に必要であり、霊性進化の初期段階にも重要な役割を果たします。人の持つ欲は、正しく使うことで生命エネルギーが増していき、霊性進化のための最適な動力になります。

霊性の高い生活、より波動の高い瞑想、より高い意識状態には、ブラフマチャーリヤなくしては到達することが出来ません。

ヤーマ5：不貪（アパリグラハ）

人の欲望には限りがありません。人はあらゆるものを欲しがり、それを手に入れると、さらに自分の持っていないものを求めるようになります。でも、なんでも欲しがるのは、真我ではなく心、つまり本当の自分ではないのです。

不貪は、揺れる心から離れるために大切な役割を果たします。

◆健全で規則正しい生き方

ニヤーマ（勧戒／日常の心得）とは、健全で規則正しい生き方の実践です。

次の五項目からなるニヤーマの実践によって、人生の質はより良い尊いものに変容し、人生の中で発生する様々な苦悩の種子は滅されます。

ニヤーマ１：清浄（シャウチャー）

日常生活は、心身を清らかにしていくための絶好の場となります。心を整え、五感から入るすべてのものを整え、住まいを整え、食べる物を整え、身体を整え、環境を整えていくことです。

お清めにより精神状態、霊性が高まり、物質的な知覚も高まり、自分の中に肉体以上のものを明確に認識するようになっていきます。

ニヤーマ２：知足（サントーシャ）

「知足」とは文字通り、「あるがままですでに満ち足りており最高の至福である」ということです。知足の第一歩は、競争しないこと、比較しないこと。すべての人には独自の価値があり、他の人と比較することは意味がないことを知ることです。キリンとゾウは首の長さを比較して競ったりはしません。

知足の第二歩目は、瞑想で真我と繋がる努力を怠らないことです。

ニヤーマ3：苦行（タパス）

苦行は、神に向かい、一つのことを一生懸命に行い、成し遂げることを意味します。

このことを苦行と呼ぶのは、強い勇気を持って、今まで慣れ親しんだ自我や過去や執着、自我に由来する欲をすべて手放さなければならないからです。

ニヤーマ4：聖典の読誦（スヴァディァアーヤ）

常に神聖なものに心を集中させるという意味になります。聖典のような崇高なものに自分の波長を合わせていく叡智の道での作業は、日常生活を慈愛に満ちた神聖なものへと変容してくれるため、自分自身の波動を高めていくことになります。心を神聖な波動へといざない、欲と執着にまみれた波動から遠ざけてくれます。

ニヤーマ5：至高の存在への祈念と自我放棄（イーシュヴァラ・プラニダーナ）

神への全面的な信頼と明け渡しになります。神に対する揺るぎない信頼、敬虔《けいけん》さ、深い愛といった態度を保ち続けることです。

ここで注意すべきことは、「神とは完全なる至高の存在だけではない」ということ。この世界のあらゆるもの、目に見えない世界のあらゆるもの、すべてが至高の存在である神の現れだということを忘れないことが大切です。

なお、これらのことは簡単な説明だけでは誤解が生じやすいため、詳しく学びたい場合には拙著『精解 神の詩 聖典バガヴァッド・ギーター』シリーズをご参照ください。

◇生命体として存在する龍

手水舎の水が出るところが、龍神になっているところが多くあります。

龍と水の関係は、龍の頭にある博山《はくさん》と呼ばれる肉の盛り上がりの中に尺水《せきすい》というエネルギー水を溜めているとされていることに由来しています。

中国では、龍は水との親和性が強く、雨を降らせると言われています。このため日本でも龍神が水を司ると考えられてきました。日本の「蛇口」という表現も、小さな龍である蛇に由来するものです。

干支の十二支にも唯一物質界の肉体を持たない龍が入っていますが、それほど日本人にも馴染みのある生命体ということです。


多くの人は、龍を架空の生き物だと思っています。それは見る機会がなかったからなのですが、実際に生命体としての龍は存在します。

私がお世話になった龍神様は、高野山奥之院の龍で、長さは100メートルほどあり、胴体は馬の胴体のように太く、エネルギーの塊のような清らかで強い氣を発します。これほど強い氣を発する生き物は、龍の他にはイルカとクジラでしか経験がありません。

ある時その龍の写真を撮り、高野山で修行された祓いの専門家である友人の長典男氏に、一切の情報を隠してお見せしたことがあります。すると、すぐに「高野山奥の院の龍ですね」と正確に言い当てられました。普段から龍に接していると、すぐに分かるようです。


手水舎は、瞑想と日常生活を繋ぎ、日常の所作を瞑想的生活へと変えていくためのきっかけとなるものです。

所作とは、「場所を作る」と書く通り、その場に氣を記録することです。**美しい氣で行動すれば、その場はいずれ神聖な場となります。**

手水舎での禊は、真我到達への意志を強く自覚させるものにもなります。

◈わずかに残る煩悩を祓う神門

参道を通ると、神門が現れます。**神門で意識する五大元素は、「風」です。**

風は神の息吹であり、すべてを動的に活性化する作用を持ちます。光、そして精神力やエネルギーの流れをコントロールします。すべてを一新し、新しい方向に変容する力を持ち、さらに新たな活力と自由さを与えてくれます。

精神的に停滞した状態から高みへと導いたり、否定的破壊的なエネルギーを肯定的建設的なエネルギーへと変容させたり、狭い視野を広い視野へと拡大し、囚われた心を開放し、執着やプライド、否定的な感情を吹き飛ばして浄化してくれます。

風の元素が強化されると、困難な状況に置かれた時でも、困難に巻き込まれることなく、意識や視点を少し高く持って対処できたり、逆境を新たな視点から楽しむことが出来たり、ネガティブな気持ちをポジティブな気持ちに変容させる力が養われます。

火の元素の「火の祓い」と水の元素の「水の祓い」に続いて、風の元素の「風の祓い」でわずかに残った煩悩を祓い、清浄化します。

「風の祓い」とは、氣を天意の方向へ向けるための所作です。

拝殿と御本殿の周囲は、木や柵《さく》などで囲まれていることが多いのですが、**神門は心神の結界を象徴しています。**

何重にも垣がある場合には、御本殿に最も近い垣を瑞垣《みずがき》、外側の垣を玉垣《たまがき》と称します。玉垣は、神社によっては、荒垣、板垣などとも呼ばれます。

玉垣は、真我とそれを包むチッタ、アハンカーラ、そしてその心神から発せられる微細な生命エネルギー（プラーナ）と、精妙な光を表していることになります。

玉垣で囲まれた領域が、核心となる神域になります。

神門の内側は、心神の領域の象徴です。肉体の解剖学的位置では、心臓の中心部、エネルギー的にはハートのセンターにある、心と真我が宿る場所になります。

瑞垣からも中が覗けるような構造になっていますが、これは霊視した状況を再現したものになります。

◈「神使」としての動物たち

狛犬《こまいぬ》（獅子狛犬）は、鳥居または拝殿の左右に、一頭ずつ配置されています。狛犬は、一般的には邪気を祓い、魔から神様を守護するという意味合いがあります。

狛犬の原点は古代オリエント由来とも言われ、エジプトのピラミッドを守るスフィンクスが有名です。犬といっても見た目は獅子であることが多く、エジプトやインドから中国、朝鮮半島を通って日本に伝わったものと推測されています。

朝鮮半島を経由したため、当初は「高麗犬《こまいぬ》」と呼ばれたようです。高麗犬が日本に伝わってからは、天皇の宮で、御帳《みちょう》の両端を抑える風鎮《ふうちん》（重し）として使われてきたものが、神社でも利用されるようになったのです。

狛犬は雌雄《しゆう》一対で、一頭は口を開き、もう一頭は口を閉じています。これはサンスクリット語に由来する「阿《ア》」「吽《ウン》」を示しています。

すべての真言を集約した梵字《ぼんじ》である二十三文字の光明真言《こうみょうしんごん》を、さらに梵字五文字の「アビラウンケン」に集約し、それをさらに「阿吽《アウン》」の二文字に集約したものです。

それゆえ、**「阿吽」には、一つの宇宙の始まりから終わりまでの膨大な情報が込められている**のです。

また、角がある狛犬もいます。角があり口が閉じている方を「狛犬」、角がなく口が開いている方を「獅子」と呼ぶこともあります。角がある狛犬は、中国の「辟邪《へきじゃ》」という霊獣が起源になっています。

狛犬には、さまざまなバリエーションもあります。毬《まり》を抑えているものや子犬を連れているもの、逆立ちしているものもあります。

神社には、狛犬の他にも**「神使《しんし》」**といって、さまざまな動物（眷属神）たちがいることもあります。「御先《みさき》」などとも呼ばれるこれらの動物たちは、お祀りされている**神様の使いとして、神の意を伝える役割**があるとされています。

これには、地球上のあらゆる生物が人の意識の特定の場所と共鳴し、照応していることを示す目的があります。

狐は稲荷神社で、牛は北野天満宮、狼は三峯神社、鹿は春日大社、兎は調《つき》神社やうさぎ神社、蛇は大神《おおみわ》神社、亀は松尾神社、鳩は八幡宮、猿は日吉大社や日枝《ひえ》神社、鼠《ねずみ》は大豊神社、鰻は三嶋神社、狸は柳森《やなぎもり》神社、猪は護王《ごおう》神社で見られます。

◈狛犬は真我に向かう関門の門番

狛犬には、**真我に向かういくつかの準備が整ったかを問う関門の門番**としての役割があります。

伊勢の神宮には、狛犬がいません。これは狛犬が日本に伝来する前から存在する神社であることと、神宮の社格と参拝する人の霊格が合っていれば、狛犬の関門が必要なかったからです。ちなみに神宮には、注連縄や神前の鈴、おみくじなどもありません。

神社本庁の「神社本庁憲章」に、「神社本庁は、(伊勢の)神宮を本宗として仰ぎ、奉賛の誠を捧げる」との記載がある通り、神宮には格別の配慮がなされています。


この関門では、真我に向かう準備の一つとして、**生きとし生けるものへの慈愛が完全なものになっているか**ということが問われます。

地球上に住むすべての生き物への敬愛の念がなければ、真我に向かい、心臓の中心部にある真我領域に到達する前の障壁となります。それを動物の代表である狛犬が見張っているのです。狛犬は霊犬であり、犬は無償の愛を人に教える代表格の生き物です。


タミル人の聖者ヴァララーは、人間が神と合一するまでの三段階を詳細に綴り、後世の人に残しています。

その第一段階の変容を達成した時点で、物質界の影響を受けることはなくなり、時間や空間の制限も消え、肉体を若返らせることも可能となることが説明されています。

この**第一段階達成には、絶対に必須の課題が二つある**といいます。

一つは天意に近づくための神様との対話である、**「献身的な祈りと瞑想」**です。

そして、もう一つは、「すべての生物を敬愛すること」です。これは、自分とすべての創造物との一体化への道筋を、慈悲の心を持って辿っていくことです。すべての存在を無条件に愛する真の和の心を育てる道は、まずすべての生き物を愛することから始まります。狛犬は、その道のりを見張っているのです。

狛犬の関門を通るためには、自分の固定観念で作り出した思考の枠を外す必要があります。すべての人は、さまざまな所で自分の「誤知」によって枠を作り、その範囲内で物事を考えています。人は幼い頃から、人間社会を無難に生き延びるために、本来の輝く世界に目を向けずに、他人や自分の作った枠に自分を合わせようと努力してしまうのです。

自然から離れた霊的に未熟な社会にいると、心はゆっくりと硬化していき、多くの枠に心が制限されていることにすら、気が付かなくなってしまいます。

枠の中のルールに従って「こうしなければならない」という観念が生まれると、心に歪みが生じます。そのようなルールは天意からは離れたものであるため、惟神の道を歩む上での足枷《あしかせ》になります。

真我に到達するための道を歩むには、**未知なるものへの怖れと疑心を放棄して、勇気をもってさまざまな枠を外していく必要があります。**

最初に、**当たり前という枠を外しましょう。**

食事をして、衣服を着て、健康で日常生活を送り、必要なものはお金で買えて、朝になれば太陽が昇って……。どれもが当たり前だと思っていませんか?

この世界に、当たり前のことなど何ひとつありません。当たり前という枠を外した瞬間、すべてが奇跡、すべてが有難いことだと実感することでしょう。

自分が肉体ではないことを理解して**自分の枠を外し**、人間は植物や動物、鉱物などの助けによって成り立っていることを深く理解して、**人間という枠を外し**、生き物だけでなく、光や風や空気などあらゆるものに支えられていることを理解して**生物の枠をも外し**、人間は寿命があるという**命の枠も外し**ます。

そして最後に、自分には限界があるという**有限の枠を外します。**

これにより、人は誰もが無限の存在であることを自覚するようになっていきます。

これらの固定観念の枠を一つずつよく理解して外すことで、意識が広がっていくことを感じるはずです。心神に入る準備が整うとともに、生き方にも大きな変化が起こります。

これであなたも、狛犬の関門を堂々と通過することが出来ます。

◇神を敬い感謝する拝殿

御本殿の手前にある建物が、拝殿になります。

「拝」とは、「礼」の最高の敬意形です。

「礼」は、旧字体では「禮」と書きました。「禮」は「祭壇が豊かである」という意味の漢字です。

そこには、敬い、感謝する気持ちが込められています。「拝」は、その気持ちを神様に向けて、さらに高めたものになります。

拝殿は、参拝者が礼拝を行うための場所で、正面に御賽銭《さいせん》箱や鈴などが設置されています。一般的には本殿よりも大きな建築物で、本殿を覆い隠すように建てられています。これも心神の構造を象徴しています。

伊勢神宮や熱田神宮など、拝殿がない神社もありますが、本来は霊格が高い人が活用するための宮であるために、拝殿が必要なかったという理由もあります。

拝殿は、心の構成要素の一つであるアハンカーラの象徴でもあるので、拝殿がないということは、心が澄み切った状態であることをも意味します。


拝殿の中に入ると、祭壇の左右に、榊《さかき》に五つの色の布（幟《のぼり》）をつけたものがあります。この布は、五色布または真榊《まさかき》と称します。白、赤、青、緑、黄色の五色です。

これは、この世界のすべての創造物は、五つの元素で構成されていることに由来するものです。古代のヒマラヤの五大元素を元にして、中国で陰陽五行として発展したとされています。

祭壇に向かって左側の真榊には剣をかけ、右側の真榊には鏡と勾玉《まがたま》をかけたものを立てます。


同じく拝殿には、四神旗《ししんき》が置かれています。

「四神」とは、四方の神獣のことで、青龍《せいりゅう》は東北（春・朝の象徴）、朱雀《すざく》は南東（夏・正午の象徴）、白虎《びゃっこ》は西南（秋・午後の象徴）、玄武《げんぶ》は北西（冬・夜の象徴）の四方向に立てます。

この四つの神獣は、さまざまな物事の象徴になっており、聖書のヨハネの黙示録にも、「御座のそば近くそのまわりには、四つの生き物がいた」という記述がみられます。

四つの神獣が象徴する代表的なものとしては、「創造エネルギー」「時間」「空間」「宇宙原子」という、この物質世界を創造するための四つの要因があります。

◈注連縄は「神氣」の象徴

神社の拝殿には、注連縄《しめなわ》が使われています。七五三縄、一五三縄、〆縄、標縄、占め縄など表記されることもあります。

右回りと左回りの糸の束を縒《よ》り合わせた縄は、統合された二元性、創造二神による「国生み」の結びを象徴し、遺伝子本体のＤＮＡのような渦状の縒り合わせは、人の目には見えない神氣のエネルギーの流れを象徴しています。

注連縄は「神氣」の象徴です。

神のエネルギーである神氣は、回転し、渦になり、螺旋《らせん》になり、万物万象を創造しています。

素粒子、原子、細胞、生物、星、宇宙に至るまで、すべてはエネルギーの渦で構成されています。それはすべてが神のエネルギーの表れだからです。

神氣の象徴である注連縄で囲むということには、結界の意味があります。注連縄より内側は、神が占める領域であることを示しています。また、神が占める領域に邪氣が入らないように、穢れを寄り付ける役割も持っています。

注連縄の多くは、神からの授かりものであるお米の稲藁《いなわら》から作られています。お米の「メ」は、食物の女神である「大氣都比売《おおげつひめ》の目から稲が生まれた」と「古事記」に記載されていることに由来します。小さな目で「小目《コメ》」となります。

また大和言葉では、男を「こ」、女を「め」と表します。これが愛で結ばれ「こめ」となります。こめの中心には愛があります。

このため、お米を実らせた稲の茎にも食物神の神力が宿っているとされています。注連縄専用の田圃《たんぼ》を所有する神社もあり、この場合は出穂《しゅっすい》前の青々とした丈夫な稲が刈り取られて使われます。

最近では、驚くことにビニール製の注連縄がありますが、これは稲藁不足によるもので、主旨から少し外れたものになります。農業機械で収穫された稲は、短く裁断されてしまうために注連縄には利用できないのです。

注連縄は、古い時代には、五穀豊穣の感謝と次の年の豊作への祈りを込めて、稲藁を利用して雨と雷を司る龍神様を思いながら縄を編み、神様に捧げた祭祀が起源とも言われます。神様に感謝する人々の思いを、神社が引き継いだのが始まりなのでしょう。

注連縄は毎年新しいものと取り替え、一年間お世話になった感謝の気持ちと共にお焚き上げをします。各家庭で使われた注連縄も、1月15日頃に行われる「どんど焼き」という歳神様を見送る火祭りの時にお焚き上げをします。

日本一大きな注連縄は、出雲大社《いづもおおやしろ》の神楽殿にあり、長さ13・6m、重さは5・2トンもあります。この巨大な注連縄は、赤穂餅の稲藁を中芯に、さらに地元産のコシヒカリの稲藁、麻、真菰《まこも》が使われています。真菰で中芯を巻く菰掛けが行われると、きれいに仕上がります。

出雲大社の御本殿の注連縄は、真菰で作られています。古くなった大注連縄は、地元の森に安置されて、やがて土に還されます。

ちなみに出雲大社は、明治初期までは杵築大社《きづきたいしゃ》という名称でしたが、この名称は政治的理由によって変更されました。神社の見えない神力・神氣というものは、時の権力者でさえ怖れるものだったようです。

出雲大社であれば出雲井社《いずものいのやしろ》、伊勢の神宮であれば伊雑宮など、歴史を紐解く聖域が日本にはいくつも残されています。

注連縄の「しめ」は、「神《かみ》」を表す「示《しめ》」に由来します。

「なわ」は、多くの意味が多重に含まれていますが、ここでは二つご紹介しましょう。

「なわ」は、「名を和す」に由来するものです。「名を和す」とは、二元性のすべてを一つに和すという意味が込められています。

「名（な）」の語源には、新しく分かれていくという意味があり、これは二元性の世界の創出を意味します。国歌の「君が代」で示されているように、「な」で分離した、「キ（神、見えない世界、氣、イザナギ）」と「ミ（人、物質世界、身、イザナミ）」を和すことが、代表的な「なわ」の意味になります。

さらに「なわ」は、「名輪」でもあります。これは、二元性のすべてが循環する輪であるという神理を示すものです。

私たちが「輪」と言う時、さまざまな輪があります。真理の輪、行いの輪、霊的中枢の輪、生命の輪、輪廻の輪、魂の輪、星の軌道の輪、宇宙循環の輪など……。私たちの身体の中にも、血液循環やリンパ液循環、エネルギー循環などのさまざまな輪があります。

すべては天意に沿った流れを形成しています。人はさまざまな輪の中で自分に必要な資質を学び、同時にすべての存在への愛と敬意を学んでいくのです。

つまり、「しめなわ」という言葉には、神様の元で二元性を統合するという意味があるのです。

第3章

神社参拝の秘訣

人の力と神々の恩頼が融合する世界

◈真我を呼び起こす鈴の音

参拝とは、神氣を浴びること。そして最終的には、**神氣と自分の氣を同調させて共鳴させることが**目的となります。共鳴させるには、心身を徹底して清らかにして、自我を滅し、自分の波動を高めていかなければなりません。

参拝には、一般的に拝殿の御賽銭箱の前で行われている「社頭参拝」と、昇殿して行う「正式参拝」があります。

多くの神社には、拝殿の正面にある御賽銭箱の真上に、大きな鈴が吊られています。その鈴（本坪鈴《ほんつぼすず》）がある場合には、鈴による音祓いを行います。

鈴に繋がっている太い下げ紐（鈴緒《すずのお》）を振るうことは、斎主《さいしゅ》が大幣《おおぬさ》を使って人を祓い清める修祓《しゅばつ》の儀式と同様の意味が込められ、その簡略形となります。両手でしっかりと鈴緒を握り、心を込めて振りましょう。

また鈴には、**真我を呼び起こす**意味も込められています。天照大御神を天岩戸から誘い出す際に、天鈿女命《あめのうずめのみこと》が天石窟の前で舞いながら、鈴を鳴らしている様子が平安時代の神典である

「古語拾遺《こごしゅうい》」に記されています。

鈴は、主神《ス》から下ろされた言の葉の象徴にもなっています。五十の鈴の音《ね》によって、この世界を清らかにすることも可能です。

さらに鈴の音は、**瞑想が深くなった時に、エネルギー体の各中心点から聴こえる霊音の象徴ともなっています**。心を清めて、真我へ到達する意思表示でもあります。

神社では決まった唱え言葉はありませんが、このように唱えられることが多いようです。**「祓えたまえ、清め給え、神《かむ》ながら守り給い、幸《さきわ》え給え」**（私の穢れを祓い、清めてください。神様の力でお守りください。幸せでありますように）。

◆御賽銭の深い意味

伊勢の神宮には、御賽銭箱がありません。

これは本来、神宮は、すでに御賽銭の段階を習得した霊格の高い人が参拝の対象であり、個人の祈願ではなく、国家安泰・万民平安・五穀豊穣を祈願の中心としていたからです。明治時代初頭までは、神宮では天皇陛下以外の奉幣《ほうへい》（お供え）は禁じられていました。

伊勢の神宮の参拝で最大限の恩恵に預かるには、日常生活においてしっかりと徳を積み重ねてきた心の清浄な人であることが前提となります。

御賽銭は、略式の玉串料に相当します。もともと神前でお米を撒《ま》く散米《さんまい》が、貨幣流通と共に散銭《さんせん》へと変わり、それが転じて賽銭と呼ばれるようになったようです。

ちなみに**御賽銭とは、その人が費やした命の時間とエネルギーと意識の対価**です。私たちは地上にいる貴重な時間を、御賽銭となるお金を得るために費やしています。その命の時間の一部を神様に献上するという行為です。

その行為には、人々の繁栄と平和という任務を神社に託しつつ、自分の欲望と執着を祓うという意味もあります。

御賽銭箱の特徴は、一度納めた御賽銭は、撤回できない構造になっていることです。それは今、神前に来ている目的と決意を明確にするものです。

御賽銭に絶対的な金額の相場がないのは、人それぞれ職種も収入もお金の入手経路も違うからです。年間十億円稼ぐ人と年間百万円稼ぐ人では、同じ百万円でも神様の前では全く違うことになります。また、人が喜ぶ働きをして得たお金と人に迷惑をかけて得たお金も、同じ金額であっても全く別物となります。

したがって御賽銭の金額は、物質的な量よりも、**エネルギー的な質の方が絶対評価になります。**金額の多さではなく、**そのお金を得るのにどれだけ心を注いだか、どれだけ清らかな仕事をしたか、どれだけの時間を費やしたかが重要**なのです。

それは御賽銭箱に御賽銭を入れる所作にも表れます。ゲーム感覚で適当に投げ入れるのではなく、**御賽銭に敬愛の念を入れてから、心を込めて丁寧に奉納する**ことをお勧めします。ただし、初詣などで御賽銭箱に近づけず遠くから投げ入れるしかない場合には、投げる行為であっても、心がこもっていれば素晴らしい行為となります。

ただし、ご縁を期待して御賽銭を五円だけにするといったことは、避けたいところです。これはかなり昔の貨幣価値に基づくものです。明治時代の五円は現代の10万円相当、大正時代の五円は現代の2万円相当です。昭和初期となっても、五円は現代の３０００円に相当します。

神社庁が、全国の神主さんたちを対象に実態調査を実施したところ、神社の約6割が年収300万円に満たないことが明らかになりました。この金額で、御神事など多くの伝統を維持し、神社境内を常に清く保ち、神職や御巫たち神社に関わる方々の人件費まで賄《まかな》うことは到底出来ません。

実際に、神氣が消えて荒れ果てた神社も全国各地に数多く存在しているのが現状です。さらには、毎年東京ドーム10個分ほどの面積の鎮守の森が処分されています。神社にとって鎮守の森は必要不可欠なのですが、厳しい現実があります。

神社は、参拝するすべての人の力で、日本人すべての力で、美しい伝統文化として維持していくものだと思います。そのためにも、神社に携わる方々のことを気遣い、御賽銭は心を込めた金額にしたいものです。

なお、御賽銭の金額がいくらであっても、その見返りを期待するならば、御利益は期待できなくなります。

見返りの期待は、心の構成要素の一つアハンカーラから生まれます。この見返りの期待がアハンカーラを濁らせ、心神の光を覆い隠してしまうために、祈りが届きにくくなるからです。

祈りの効力は、その人の霊格と愛の深さによって強まります。

霊格を高くするには、日常生活において、いつも天意に叶った生き方をしていくしかありません。

◈二拝二拍手一拝は新しい作法

神社の参拝には、基本的な作法があります。

ここからご紹介するのは、絶対的な規則ではなく、基本的な所作の手引きです。

形式的な所作を整えるのは、肉体的な所作が心としっかりと繋がっているからです。いきなり心を調えて参拝しましょうと言われても、どうしていいかわからず難しいものです。このため、**身体を使った作法によって、形から整えることで心を調えていく**という方法をとるのです。

参拝の作法については、昔はそれぞれの神社で独自の作法がありました。

明治時代に制定された神社祭式行事作法により、日本全国の多くの神社で作法を統一しようという動きが始まりました。そして、昭和23年に神社祭式行事作法が改訂され、「二拝二拍手一拝」が一般的な作法となりました。つまりこの形式は、比較的新しいものなのです。

出雲大社では「二拝四拍手一拝」（五月の例祭では二拝八拍手一拝）、宇佐神宮では「二拝四拍手一拝」、伊勢の神宮では「八度拝八開手《はちどはいやひらで》」など、いまだに古くからの伝統的な固有の作法を守る神社もありますが、いずれの作法も**神様に対する敬意や賛美や感謝の気持ちが込められたもの**です。

二拝は、大霊と自分自身の真我に対しての敬意と感謝、陰の世界と陽の世界への感謝、父なる天と母なる大地の恵みに対する感謝など、すべての二元性への敬意と感謝を示す行為です。

また、二拝は縦の動作、二拍手は横の動作であり、ここにも意図があります。

ただし、皇居の宮中三殿のうちで天照大御神が祀られている賢所《かしこどころ》では、一拝だけになります。これは二元性を超越している場が創られているからです。

手を叩いて音を鳴らす拍手《かしわで》は、「魏志倭人伝《ぎしわじんでん》」の中にも記載されています。拍手は、古くから自分よりも地位の高い人に対する尊敬の気持ちを表す作法だったようです。神社では、拍手は神様への敬意を表して行われます。

ちなみに、神道の葬儀である神葬祭においては、拍手は音を立てずに行う「偲手《しのびて》」という方法がとられます。これは故人が家と子孫を守る祖霊《それい》と呼ばれる神様として戻ってくるまでの間、祖先の魂の元から呼び出さないで静かに見守ることを意味しています。

神葬祭は神社の境内では行わず、神職が神社外へ出向いて執り行われます。坂本龍馬が亡くなった時には、神葬祭が行われました。


余談になりますが、身内が亡くなった時に喪に服することを、神道では「服忌《ぶっき》」と称します。「忌」は故人を偲びながら祀りに専念する期間のこと、「服」は故人への愛する気持ちを天国へ贈る期間のことをいいます。

「服忌」については、一般的な指針としては、五十日祭までが「忌」、一年祭までを「服」とされます。基本的には、「忌」の期間である五十日間は、神社への参拝を遠慮します。事情によりやむを得ない場合には、お祓いを受けてからの参拝が正しい方法です。

これは一般的には、穢れと関連しているものですが、忌み嫌うものでは全くなく、亡くなった人のことを想い気落ちするという意味の「氣枯れ」です。

また神社の参拝を遠慮する意味は、この五十日間（正確には四十九日間）は、故人がまだ完全に天界へは移行せずに、現世に留まっていることがあるため、出来るだけ外出せずに家に留まり、故人が幸せな気持ちで天国へ行くのを見送るようにという配慮です。

◇神と真我との統合意識の目覚め

拍手の準備として、ゆっくりと優しく心臓の前に両手を合わせます。

心臓の前に手を置くのは、心臓の位置に神様である真我と、心の構成要素であるチッタ、アハンカーラがあるからです。アハンカーラとチッタは原因体に属するエネルギー的な組織ですが、その波動は、エネルギー体だけでなく、肉体にも大きな影響を与えます。

心臓にあるこの思考回路は、優しく直感的です。ハートで発した思いは、肉体の心臓組織に強い波動を与えるだけでなく、思いの波動を最も吸収して広げることのできる血液にも強い影響を与えます。人の血管の長さは大人で約10万キロメートル、地球2周半分の距離です。心臓から全身の毛細血管に行き渡る時間は約25秒です。

ハートの思いは、心臓の鼓動がある限り、血液によって全身の細胞に行き渡り続けることになります。心からの愛や信頼の思いは、いつも全身にくまなく広がり、それから肉体の外に放射されて広がっていきます。

いつも清らかで明るい思いを持つ人を霊視すると、明るく見えるのはこのためです。逆に暗い思いを抱き続けると暗く見え、特に肝臓の門脈系は黒く見えますので、腹黒く霊視されます。

拍手の前に両手を合わせる所作は、心を調え、祈りを成就させる力を養います。その時に、右手をやや手前方向に引くのですが、これは霊主体従の心を示しています。**左手のヒは、火であり、霊であり、神の象徴。右手のミは、水であり、身であり、自分の真我の象徴です。**霊主体従を両手においても意識して表現するのです。

また、**左手はあるがままに受容する手であり、右手は主張する手という役割があるために、**右手をやや手前方向に引いて謙虚さを示します。

拍手は心臓のリズムに合わせて二回、天と地に響かせる気持ちで行います。この時、霊的構造を思い浮かべて、心臓の位置に内在神である真我が鎮座していることも意識してください。

拍手の音は、神様に敬意を表すと同時に、真我を目覚めさせる役割があります。
拍手の後の両手を合わせる**合掌は、神様と自分（神）、神様の天意と自分の愛を合わせる「カミ（神）合わせの儀式」**になります。

古代インドから確立された生命エネルギー（プラーナ）を調える技法として「ムドラ」というものがあります。ムドラとは、手指を使い、心身のエネルギーの流れを調節する技法です。両手を合わせる合掌は、ヨーガでは「アンジャリ・ムドラ」と称します。右手と左手を合わせることで、神と自分の真我との統合を呼び覚ますためのムドラです。

このムドラには、呼吸を調え、意識を内側に深く向ける助けをして、神と自分の真我を合一する気持ちを高めていく作用があります。

神社の参拝では、鳥居からここに至るまでの間は、神と参拝者という分離感があり、神に参拝するという意識を持っていました。

この神に参拝するという分離意識から、合掌、すなわちアンジャリ・ムドラによって、神と真我との統合意識を明確に目覚めさせていくことになります。

◇生命エネルギーを利用するムドラ

ムドラについて、もう少しだけ詳しくご紹介しましょう。

ムドラ（Mudra）は、生命エネルギーを身近に利用する方法の一つです。

サンスクリット語で、「象徴表現」「印」というような意味があります。ヨーガでは、寺院などにある仏像のさまざまな手のポーズのことを示します。日本では「印相」「印契《いんげい》」などと呼ばれます。

ムドラは、指先に流れるエネルギーを利用して生体のエネルギーの流れをスムーズにして、意識の集中と調和を図ります。

ムドラには数百種類の型があります。同じ名称のムドラでも、伝えられた流派によって微妙に異なるものもあります。さらに、わずかに指の位置を変化させる方法も多く存在します。

流派によっては全身を使うムドラもあります。また、足のムドラ（ハーダ・ムドラ）、目のムドラ（チャクシュ・ムドラ）などもありますが、ここでは手指を使うムドラ（ハスタ・ムドラ）を見ていきます。

人間の手指には、人体と同様に五大要素に象徴される部分があります。

親指は「空」、他の四大元素を包括する虚空を意味します（エネルギーが発生することから「火」を入れる出典もあるようです）。人差指は「風」、中指は「火」、薬指は「水」、小指は「地」となります。

また、人体を象徴することもあります。

親指は真我、宇宙意識、五蘊《ごうん》では「識」の象徴です。人差し指は個人の意識、五蘊では「行」の象徴。中指は自我、五蘊では「想」の象徴。薬指は心の幻影、五蘊では「受」の象徴。小指は現世での行動と態度、五蘊では「色」の象徴です。

ムドラの基本は「火」であり、真我を象徴する親指にあります。基本的にすべてのムドラは、親指が他の指や手の部位のいずれかの部位に軽く触れていることが多いのですが、これは親指を通して生命エネルギーを流すためです。

ムドラをする時には、静寂な場所を選び、瞑想状態になることが望ましいでしょう。基本は1時間続けて行いますが、数分でも構いません。特別指示が無ければ、両手同時に行います。

ムドラは、生命エネルギー（プラーナ）を自覚し、流れをコントロールする役割があります。それは霊的進化のための手段の一つですが、同時にプラーナの流れを補助するので健康維持にも利用されます。

◇「守・破・離」の「守」

「二拝二拍手一拝」といった参拝の作法は、あくまでも基本形であり、盲目的に従わなければならない絶対的な規則ではありません。この宇宙において、人が作った規則に絶対的なものはないからです。

きちんと深い意味を理解していれば、**自分の素直で清らかな心に従って、参拝することが出来るようになっていきます。**

ただ、空手を始める時にはまず型を徹底して学ぶように、まずは基本形に込められた所作と、その所作に込められた心構えを習得していくことが重要です。

そうすることで、天の意を感じるままに応用していく素地が作られていきます。本質をしっかりと理解した基本形無しには、応用は出来ないのです。

千利休は、茶道の訓を『利休道歌』にまとめ、その中で「規矩《きく》作法　守り尽くして破るとも　離れるとても　本《もと》を忘るな」と記しました。

これは**「守・破・離」**として、現代までさまざまな分野で応用されています。

【守】　修業では、最初は師から基本形の型を学び、それを徹底して「守」ります。

【破】　次に、その基本型を十分に修練し自分のものとして身につけた段階になると、その基本型を徹底して洞察・実践することによって、自分に合ったより良いと思われる型へと進化させていくことができます。既存の基本形である型を「破」ることができるようになるのです。

【離】　さらに鍛錬を重ね応用していくことによって、既存の型に心が囚われることがなくなります。これが「離」れるということになります。

神社の参拝の形式も、時代と共に少しずつ変化していくかもしれませんが、その本質である**見えない所作と心構えは、時代に影響されることのない、忘れてはならないものです。**

まずは基本の「守」から、しっかりと学んでいきましょう。

「今」の自分を省みる

多くの神社では、拝殿の祭壇に「鏡」が鎮座しています。これは、霊的太陽の象徴でもありますが、自分自身の姿を映し出して、**自分が主神の分け御霊であることを自覚するためのものになります。**

これは天照大御神が、天忍穂耳命《あめのおしほみみのみこと》に「この鏡を我が御魂として、我を拝むが如く、いきまつれ」と神勅《しんちょく》し、その後に代わりに天下りした瓊瓊杵尊《ににぎのみこと》に受け継がれた「宝鏡奉斎《ほうきょうほうさい》の神勅」です。

鏡は影身《かげみ》。真の世界と顕世《うつしよ》を同時に示す道具です。真の世界（天界）と顕世（物質界）を照らし合せることは、地上の人にとっては「今」の自分を省みるために大切なことです。

本来は神様の分身であるはずなのですから、神様と同じように清らかであるか、天意で動いているか、愛に溢れているか、よくよく省みなければなりません。

自分自身の真我を目覚めさせるために、自分と神様を照らし合せて礼拝する「自神拝《じしんはい》」の意味も込められたものです。そのため日本では「日の鏡」「日像《ひがた》の鏡」という表現もあります。なお、写しの世界（物質界）では「我」が入るために、「かげみ」を「かがみ」と表記します。


自分が主神の分け御霊であれば、神様と同等ということであり、自我（エゴ）中心で怠惰な生活や欲望にまみれた考え方は、改めざるを得ないはずです。

鏡の礼拝は、神社に行くときだけではありません。日本では、家庭の洗面台に鏡がついていることが多いので、朝起きて顔を洗う時に、この鏡を意識して利用することも出来ます。鏡の中の自分の顔をしっかりと見て、「おはようございます」「ありがとうございます」と声をかけることもよいでしょう。

また、暗い部屋の中で鏡を見続ける行もあります。この行法では、鏡の中に近しいご先祖様が現れてくることもあります。


鏡は、「かがみ」から「が」を取り除いて「かみ」を自覚するものです。

人には比較する能力が与えられていますが、多くの人はその能力を誤用しています。人に備わっている比較する能力は、他人と比較するためではなく、過去と今の自分、また神様と自分とを比較するために使うものなのです。

「我（が・わ）」という字は、意識次第で「が」にも「わ」にもなります。

「が」を取り除くとは、心を形成する要素の一つであるアハンカーラを清浄にするということです。

「さいわい（幸い）」も、「わ」を「が」に変えれば、「さいがい（災害）」になります。

国歌「君が代」の最初の部分も、「キ（伊邪那岐・氣）」と「ミ（伊邪那美・身）」の世界に「ガ（我）」が入った「ヨ（現世）」のことを示しています。

◈願いを叶えるために

多くの人が、御利益を求めて神社を訪れます。

願いを叶えるために手を合わせる……、多くの人にとっては当たり前のことかもしれません。

ここで、ちょっとした漢字遊びをしてみましょう。「願いを叶える」の「叶」という漢字、どんなふうに成り立っているかを自由に考えてみてください。ここでは4つ書いておきます。

1つめは、口に出す言葉を、自我（英語でI）を真っ二つに断ち切った言葉だけにすると、「叶」になります。

2つめは、口からポジティブな言葉（＋）やネガティブな言葉（－）を「吐」くのではなく、ポジティブな言葉（＋）だけを口にすると、「叶」になります。

3つめは、口から出入りするものをすべて、天意（十：カミ、数秘では永遠無限という意味もある）に沿ったものにすると、「叶」になります。

4つめは、口（物質世界に閉じ込められた空間）に神様（十）が寄り添うと「叶」になります。

どれも漢字遊びですが、これらはすべて本質を上手く突いています。

口に出す言葉を、自我（エゴ）を制して、ポジティブなものだけにして、宇宙の摂理に従った生き方にすれば、心は自ずと清らかになっていきます。すると心神の光が強まり、実際に願いが叶うようになります。

新約聖書に「口から出るものが人を汚す」と書かれている通り、言葉は悪い言葉であれ良い言葉であれ、すべて自分自身に帰結するものなのです。

一般的には、神社で願い事をする時には、金運や健康運、試験合格、縁結び、社会的成功など、特に現世での欲望に基づいた利益を願うことが多いようです。

でも神社の本当の御利益は、苦労なく現世の利益を得るような「棚ぼた」的な射幸心を煽るものではありません。

願いをがっちりとブロックする7つの心の病があります。

貪欲・怒り・執着・妄想・高慢・嫉妬・怠惰です。

七つの心の病は、真我とチッタを包むアハンカーラを濃く濁らせて、願いをブロックします。

これらが、願いをブロックする要因となることを知り、自分の心がこれら7つの病に冒されていないか確認しておきましょう。病は、軽症であれば簡単に治せるからです。

そして、ここでよく考えてみてください。

ずっと健康でいることが、万人にとって本当に御利益でしょうか？

社会的な成功が、万人にとって本当に御利益でしょうか？

お金持ちになることが、万人にとって本当に御利益でしょうか？


霊的な向上心のないまま、世俗的な幸福を神様に向かってお願いするのは、永遠の至福があることを知らないからです。

暴飲暴食を繰り返し、快楽を求めながら、心身の健康を神様に向かってお願いするのは、清めることを理解していないからです。

怠惰な生活をしていながら、お金持ちになりたいと神様にお願いするのは、因果律の智慧がないからです。


誰もが現世の富を求めて一生懸命に祈願しますが、**物質世界の儚《はかな》い富は、さらなる強欲と無数の苦悩を伴う**ということを教えてくれる人はいません。

物質世界における世俗的願望の対象は、すべてが蜃気楼《しんきろう》のような儚いものです。神様は、そんな欲と苦悩に繋がるような願い事を叶えてはくれません。

一つの人生は、自分が思っているよりも短く、しかも地上にいる時間はとても貴重なものです。貴重な時間の多くを、儚いものへの欲望や執着に費やしてしまうのは、なんともったいないことでしょう。

万人に優しく、楽しく、神様の天意に沿ったマインドフルネスな時間を大切にしましょう。テレビやゲームやインターネットなどに時間を費やすことが、時間を無駄に使うマインドレスネスな行為となっていないか、よく内観してみましょう。

チベットの聖者ミラレパ大師は次のように述べています。

「すべての世俗の探求は、悲哀という唯一の避けることのできない必然の結末を持っている。蓄えれば尽き、作れば破壊され、会えば別れ、生まれれば死に終わる。これを知って、人は世俗の行動を放棄して、直ちに生も死も無い永遠の真理を成就することに取りかかるべきである」。

この物質界には興味深いものが無限にあります。それら物質的なものを追いかけ続けていれば、すべて悲哀という結末に達することをミラレパ大師は簡潔に伝えてくれています。そして、そこから抜け出す方法も。永遠の真理を成就するとは、自我（エゴ）を放棄して、自分自身が真我そのものであることを思い出すことです。

人は、利己心を放棄して、はじめて神様と真正面から向き合うことが出来ます。

人にお願いするときでも、相手の目を見て話をするのです。いわんや神様にお願いする時には、真正面から向き合うことが最低限の礼儀です。

エドガー・ケイシーはリーディングの中で、「それぞれの魂が己を犠牲に捧げ、己を祭壇の上に置き、いわば愛の炎にくべて焼き尽くすことで、これら低次の願望は消し去らなければならない」と述べています。

「我が庭の　宮居《みやい》に祭る　神々に　世の平らぎを　いのる朝々」

これは昭和天皇の御製《ぎょせい》です。昭和天皇は、御生涯を通して利己心を放棄し、人々の平和を御祈願され続ける御姿を、日本人に示してくださいました。

この御姿を、多くの日本人が私淑《ししゅく》（尊敬する人の所作を模範として敬愛し、学ぶこと）すれば、日本は本当の意味で日の本の国、神の国となるでしょう。

◇美しい祈り

物質世界の極めて狭い尺度において、何もかも順風満帆で平和と娯楽を享受している時には、霊的進化は起こりにくいものです。

先に述べた通り、**神社は、神様から離れつつあった時代に、霊性を維持・向上するために創られたもの。**そうならば、今お願いしている御利益は、自分の霊性進化に繋がるのか、そして天意に合っているのかということを、よく考慮する必要があります。

人は、輪廻転生の中でさまざまな体験を繰り返し、身魂を磨いていくにつれて、神様の存在を感じ、神性を求め、自分の霊性進化を求める気持ちがゆっくりと確実に蓄積されていき、やがて心の奥から衝動という形で出てくるようになります。

そして、神性を求める霊的渇望による衝動が臨界点に達した時に、本当の願いが明確化されます。

その純粋で素直な気持ちを心から表現したものが、本当の願いであり、祈りです。

瞑想が心を強化するように、祈りは心を豊かにします。どちらも分離感を超えて一体感を創り出し、自分の意識が高められ、清められていきます。

美しい祈りには、二種類あります。

一つは、「**意宣**《いのり》」。意志の宣言であり、心を載せた言葉が発せられるものです。

そしてもう一つは、「**意の理**」。神氣に包まれた、全身が深い感謝の気持ちで溢れた時、その感謝の気持ちが結晶化したもので、最高最上の祈りになります。その祈りは個人の願望などではなく、ただ感謝の泉の中で輝く宝石のようなものです。

◈願い事が叶うメカニズム

日々神聖なる真摯な思いを持って生きていると、その思いに賛同する見えない世界からの高い波動が、その人のエネルギー場を清らかにしていき、本当の願いが叶う状況が創られていきます。

ここで、願い事が叶うメカニズムを、心の構成要素から見てみましょう。

願い事は、頭にある心のセンターのマナスとブッディの情報を元にして作られてから、ハートに送られます。そして、ハートのセンターのアハンカーラを通り、真我に貼り付くチッタと分け御霊である真我を経由して大霊へと伝えられます。


この時、まず頭で作られた願い事が、清らかなものでなければなりません。

さらに、ハートに届いた時に、自我を司るアハンカーラが清らかであればあるほど透明性が増し、まっすぐに真我へ届いていきます。もしも自我（エゴ）が強く、アハンカーラの濁りが強ければ、願い事はそこでブロックされることになります。

つまり、**心身を清らかにすればするほど、願い事が叶うメカニズム**になっているということです。


願いに対する結果を希望、期待することも、欲望と執着を生み出すことになり、アハンカーラを濁らせます。願いを祈ったら、あとは天意に沿った行動を実践し、結果は一切期待しない心の在り方が重要となります。

霊性の高い人は、**神様が私を通して行動し、神様が行動の結果を与え、神様がその成果を喜ぶ**

という天意に沿った流れを真から理解しています。

本気で願い事を叶えたいのであれば、**「自分が行うすべての事は、天意である」**と、自信を持って言えるように生きることです。

そして最も大切なことは、まず**自分から神様に贈り物**をすることです。自分から何も捧げないで、神様からの贈り物ばかりを欲しがるようでは、願いが届くことはないでしょう。

では、神様が最も喜ぶ贈り物とは何でしょうか。

人が神様に捧げられる最高の贈り物は、「人間の愛」です。

「人間の愛」は、宇宙のすべてを持つ神様が、唯一持っていないものなのです。なぜなら「人間の愛」は、一人ひとりの真我で創られる喜びに満ちた、美しい輝きを放つ光だからです。

神様に、惜しみなく全身全霊で自分の愛を捧げてみましょう。それは、周りの人たち、生き物たち、すべての存在に対して、無償の愛をこめて行動し続けることで達成できます。

さらに、願い事は神様だけでなく、祖霊から高次元の存在まで幅広いネットワークにも伝わっていきます。

心が澄み切っているほど、高次元からのサポートが受けられます。心が澄み切ると、真我の霊光が遮られることなく輝くからです。

エドガー・ケイシーは、この霊光の輝きを保つ秘訣を、リーディングの中で非常に簡潔に語っています。

「ますます優しく、愛を深め、万人に対して親切になり、知識を行動に移しなさい」。

このたった一行、４項目に、人生に最も必要な秘訣が凝縮されています。

◇物質世界での困難の真相

社会的混乱や戦争、災害、経済崩壊などの災いや病気や人間関係の問題など、物質世界では不幸とみなされる苦難は、**善悪を超越した神様の無限の視野から見れば、その人の霊性進化のための大きな役割**でもあります。

今世界中でこのような混乱や災害が渦巻いているのは、人生の目的を財産や快楽などと洗脳されて、**神様の天意の大切さを見失ってしまったから**です。

困難が起きても、悲しむことはありません。

悲しみが起こるのは、人の意識が外の世界に固定され、物理的思考形態に条件付けされた近視眼的視野でしか見ることが出来なくなっているからです。

物質的な困難をエネルギー的に見てみましょう。

人の心のエネルギーの流れは、その人の意識によって確立されます。一度流れの方向が確立すると、その流れが天意に沿ったものであってもなくても、その方向へと流れていきます。するすると、徐々に流れが溝を深くしていき、流れを変えることが難しくなっていきます。この溝は、サンスクリット語で「サムスカーラ」と呼ばれます。

このエネルギーの流れが天意に沿っていない場合、ある日突然流れが堰《せ》き止められます。それは、天意に沿った新しい流れを見つけさせるためです。心のエネルギーは、やがて新しく天意に沿った方向を見つけることになります。

最新の心理学で、「満たされた人生に必要なものは何か?」という研究の結果が出ています。

研究者は、満たされた人生を送っている人たちを詳細に調べました。そして、その人たちの共通点を探っていったのです。

満たされた人生のために必要なものとは、過去に痛み、憤り、悲劇的な出来事を経験していることでした。過去の困難を克服して、本当の幸せを理解していく経験をしているということが共通点だったのです。

この研究者は、**「人は辛く困難な体験をすることによって、人生の本当の価値を見つけ出すことが出来る」**という結論に達したのでした。

近視眼的に見れば、人生は辛い事だらけにも見えるでしょう。でも、視野が広がれば広がるほど、受容性と心の静寂と自信は大きくなっていくため、すべての事象が霊的進化のための栄養となることが、理解できるようになっていきます。

私たちは、様々な経験を重ねるために、勇気をもって地上に下りてきたのです。

常に心身を清め、心を天意に向けていれば、必ず大きなサポートがあります。

人が地上で素晴らしい事を成し遂げる時、二つのエネルギーが同時に働いています。それは、

人の真摯な努力と神々の恩頼《みたまのふゆ》（サポート）です。

誰にでも、必ずサポートしてくれる見えない存在が、片時も離れることなく寄り添っています。

自分の努力と見えない存在のサポートは、表裏一体です。それは、役者さんと裏方さんがいてこそ、素晴らしい舞台や映画が出来るようなもの。どちらが欠けても、偉業は成し遂げられません。

人は古くから、そのことを直感で理解していました。だからこそ、多くの偉人たちはいつも、神様に感謝の気持ちを捧げるために祈ったのです。

「しあわせ」という言葉は、昔は「為合」と書きました。これは「為し合わせ」に由来しています。人と人の共同作業、神様と人の共同作業、これらが合わさって作られるのが「しあわせ」なのです。

◇◆心の穢れが起こす天変地異

天変地異による災害なども、一見、人間には関係なく発生するように見えますが、実は人の心の穢れが影響しています。

地球の気象は、人の集合意識の波が大きく影響します。

聖者パラマハンサ・ヨガナンダ大師は、次のように語っています。

「人間は、自然界の動きに影響を与えていますが、このことを自覚していません。地震や洪水などすべての自然災害は、人間の神から離れた集合意識が引き起こしているのです」。

弘法大師空海も、『高野雑筆集』の中で同じようなことを記しています。

「災害は、私たちの行為の善悪に応じて起こるものである。私たちが皆善行をなしていれば風雨は季節に従い、悪行が多くなれば穀物が豊作になることはない」。

人の集合意識は、地球の気象だけでなく、太陽の活動にも影響を与えます。このことは、太陽の黒点の活動と社会的動乱の関係などといった形で、地上から観察することも出来ます。

第十代崇神《すじん》天皇の時代に、疫病が大流行しました。人々が次々と亡くなっていく中で、天皇が神牀《かむどこ》でお眠りの際に、大物主大神《おおものぬしのかみ》が夢に現れて次のように告げました。

「この疫病を起こしたのは私だ。私を祀りなさい。それで疫病は終息し、世は平穏になるであろう」。

つまり大物主大神は、人々の霊性を目覚めさせるためにあえて疫病を起こし、神を敬愛する気持ちを持たせたのです。

日本では、禍事《まがごと》、つまり災いが人々を幸せへと導くとして、さまざまな禍事を「禍津日神《まがつひのかみ》」と呼び、人間を神様に近づけてくれる神様として尊重しています。

禍津日神たちは、人々に天意から外れるとどうなるかということを苦難を通して学ばせて、天意に沿った生き方へと誘導し、神様に近づけていくという役割があります。

禍事は、欲望や執着によって天意から離れてしまった異心《ことごころ》を再び真心《まごころ》に戻してくれるのです。

神様の無限で永遠の視野から見れば、物質界での善悪や苦楽といった二元性の現象を遥かに超越して、現世での苦難は、祈り願う人の霊的向上のための贈り物となることもあるのです。

◈神社の本当の御利益

神社の本当の御利益とは、どのようなものなのでしょうか。


神社の本当の御利益は、**目に見えない恩寵**です。

どんな時にも、見えない存在たちが守ってくれています。


神様は、今、あなたと共にいます。

だから、**人生で起こるすべての事象を神様からの贈り物として**、たとえそれが近視眼的に見て不幸な出来事であろうとも、あるがままに受け入れ、清らかな明るい心で積極的に対処することが出来るのです。


そして、**その体験を通して得られる「気づき」こそが、本物の御利益**なのです。

そこには、物質的な金銀宝石を遥かに超える、霊的真理という宝石があります。物質界の金銀宝石は、死ぬ時に持っていけませんが、霊的真理という宝石は永遠に輝き続けます。

だから神社には、「気づき」の象徴である紙垂《しで》が至る所に飾られているのです。

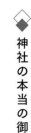

人は「気づき」、特に「神理の気づき」の積み重ねによって、悟りへと導かれます。

真の御利益とは、悟りへと導かれることなのです。

最終的には、神様に願いを祈るのではなく、神様の願いを承り、叶えるために祈ることになるでしょう。神前でのお祈りが、天意に沿った天地神明の誓いへと昇華されていくのです。

その様子を、エドガー・ケイシーは、リーディングの中で次のように示しています。

「主よ、主の御心が、私の内に入り、私を通して行われますように。私がさまざまな形で関わるすべての人に対して、私を今、祝福の水路として御遣いください」。

真摯に願い祈った後は、行動するのみです。

行動の結果には、一切の執着心を持たないことが大切です。

結果への期待には、執着、欲望が必ず入ります。それは心の静謐《せいひつ》さを保つためには有害になります。

「惟神霊幸倍坐世《かむながらたまちはへませ》」

「神の御心のままに」という意味のこの祝詞のとおり、結果を期待することなく、全てを神様の御心にお任せしましょう。

◆「薫習」と「薫陶」

参拝で意識する五大元素は、「空」です。

「空」は、他の4つの元素が強化されて、各元素間のバランスがとれてくると覚醒してきます。

「空」はすべてを包括する役割があります。すべてが空から発生し、空に収束していきます。

空の元素が充実していると、すべての元素のバランスがとれやすく、氣が充実し、自由で大きな広い心を保つことが出来、心に安らぎや余裕が出来るため、人生がとても豊かに感じられます。

「空」の元素の強化は、人の器を大きくし、神の器へと繋がっていきます。

どんなことでも受け入れて、すべてを包み込むおおらかさと、豊かな感性、自分の真我に根差した活動が行えるようになっていきます。


「空」は、神様が発する場のエネルギー「神氣」です。神社の空気を感じる「空」は、ここから発せられ、鎮守の森を通して神社全域を包んでいます。

鳥居で感じられた神社の清らかな空気が、御本殿に近づくとより一層明確に感じられるようになっていきます。


鳥居をくぐる時に氣を感じたと思いますが、ここでもう一度「空氣を読んで」みてください。

御本殿周辺、そして正式参拝の場が、最も神氣を感じ取りやすいと思います。

この神氣を感じて、浴びることが神社参拝の要《かなめ》になります。はるばる遠方から神社参拝に訪れるのは、このためと言っても過言ではないでしょう。


神氣を感じる時に、知っておきたい言葉が二つあります。

一つ目は「**薫習《くんじゅう》**」。

薫習とは、お香を焚くと、その香りが衣服に移ることをいいます。これは香りだけのことではなく、神氣も同じです。優れた神氣がある場にいれば、その波動がいつのまにか薫習して自分の身についていくのです。

二つ目は「薫陶《くんとう》」。

この言葉のもともとの意味は、お香を焚きながら土をこねて陶器を作ることによって、その香りを入れ込むことです。神氣の高い波動が人に浸透していくことによって、より善く成長していくことが出来ます。

◈最も神氣を体感できる御神事

正式参拝の儀式は、瞑想が深くなり、三昧（サマーディ）を迎えた時の象徴的疑似体験となります。いよいよ**神と自分の真我を合わせていく段階に**入ります。

霊的に見れば、頭のセンターにある心の要素（マナスとブッディ）の活動が消え、心のセンターの心の要素（アハンカーラとチッタ）が澄み切り、真我を顕現するわずかな活動だけが残された状態のシミュレーションです。

ここまでは主に五感を使ってきましたが、ここからは呼吸を穏やかに調えて、**第三の目に意識を集中し、五感を超えた霊的感覚で感じていく**ことを意識します。

正式参拝では、玉串料《たまぐし》を納めてから、昇殿してお祓いを受けます。これで昇殿の準備が整います。

ここで「玉串料が高いな」などと思うならば、正式参拝の心の準備が出来ていない証拠です。こんな機会は、この国に生まれ、この時代だからこそ自由に出来ることなので、喜びと感謝の気持ちを添えて玉串料を納めましょう。

玉串（霊串・魂串）は、神にすべての行動を捧げる心構えの象徴です。

昇殿してから、お祓いと祝詞奏上を経て、玉串と呼ばれる榊を献上する玉串奉奠《たまぐしほうてん》という御神事を行います。

御神事は、ご先祖様の「命」をはじめ、私たちがここに存在するために支えてくださっているすべての「命」と、自分自身の「命」が一貫して繋がっていることを体認するための儀礼です。すべての魂が繋がっていることは、玉串に象徴されています。

玉串奉奠は、**最も神氣を体感できる御神事**ですから、神氣を自分の氣と合わせる「真釣《まつ》り」の意識で臨んでください。

玉串によって神氣を自分に浸透させて、高次の力や自然界の力を味方につける御神事でもあり、人の霊性進化の流れを推進させる力を与えてくれます。

御神事では、15度ほどの浅い礼である「小揖《しょうゆう》」や45度の深い礼をする「深揖《しんゆう》」、腰を90度曲げてひれ伏す動作の「拝」など、繰り返して敬礼を行います。時間の目安としては、小揖は1秒、深揖は2秒、拝は3秒と覚えておくとよいでしょう。

これらは、神様、自分の真我に最大の敬意を払うための所作です。それと共に、自分の意識をハートに集中させる所作にもなっています。

神様は、人のハートの中に静かに語りかけてきます。でも、人の意識は頭に置いた喧騒の中にあるために、神様の声を聴くことが出来ない状態になっています。

頭を下げてみてください。意識が騒がしい頭から、静かなハートへと移りやすくなります。

これは神様の声を聴くための基本的な所作なのです。
さらに、頭を下げるという所作は、自我（エゴ）を滅するという意味もあります。これも神様に近づく動作の一つです。

榊は御神木の枝の象徴、つまり神から分かれ広がった魂の象徴であり、人の心の象徴でもあります。
枝葉は木の一部であるのと同じように、人は神の一部です。幹や根のない状態で発生する枝葉など存在しません。その思いを榊の枝葉に乗せて、さらに御神氣を入れたものによって玉串が完成します。

また、榊という言葉は、神界と俗界を分ける「さかいの木」、永く栄える「さかえの木」、神域（さ）の垣とされる「さ・かきの木」でもあります。
「古事記」には、天照大御神が天岩戸にお隠れになった時に、その前に布や玉などをつけた榊をたくさん立てたことが記されています。

正式参拝の儀式は、真我を見る行為の象徴でもあり、また大霊である神と分け御霊である内在

神との合一を象徴する御神事

この御神事の感覚は、神社から帰った後も、日常生活で活かすべきものとなります。

北米先住民クロウ族の高名な精神的リーダーであったトーマス・イエローテイルは、次のように語っています。

「聖なるご加護の元で、私たちは朝起きて祈りを唱える瞬間から、夜眠りにつく瞬間まで、正しく生きるには何が必要か理解していました。日常着ている衣服やその模様にも、すべての形に聖なる意味がありました。日常、どこで何をしていても、それは聖なる生活を営むことであり、神聖な感覚を持ち続けていたのです」。

◆日本語の言霊の根源

祝詞とは、「のり：宣言」＋「と：天界と地上界を繋ぐもの」です。神々を祀る祭祀《さいき》が国の重要な行事だった時代には、祝詞の文言は律令法《りつりょう》によって定められていました。

西暦９０５年に制定された律令法「延喜式《えんぎしき》」第八巻には、多くの祝詞が収録されています。

祝詞を神様に捧げる時には、「唱える」ではなく「奏上する」と言います。また、正式参拝では、神職に祝詞を奏上していただきます。

祝詞には二種類あります。

宣命体：神様から人へのお告げ
奏上体：人から神様に伝える感謝や祈り

ちなみに「いろは」の歌は宣命体、「ひふみ」の歌は奏上体になります。

瞑想は宣命体、祈りは奏上体になります。

なお、お寺であげる御経は、お釈迦様の教えを学ぶためのものであり、祝詞とは違います。


日本は「言祝《ことほぎ》の国」と言われているように、日本語は一つひとつの文字が真言であり、言葉の力、言霊をとても大切にする国です。

言霊は、音霊、意霊、形霊、数霊、色霊などあらゆる形式のエネルギーも含んでいます。

正しく言の葉を使えば、とても強いエネルギーを発することが可能です。

日本語の言霊の根源は、高次の意識と非常にエネルギー密度の高い精妙な宇宙粒子から形成されており、そのほとんどは私たちが日常頼っている顕在意識で知覚できる範疇《はんちゅう》を超えています。

一つの言霊、その組み合わせの単語、文章、そのすべてにおいて多くの意味が込められ、祈りが込められ、幾重にも重なっています。それは、頭で考えても一切解明できない領域に在ります。

深遠な意味が何重にも隠された日本の言の葉は、読む人の霊性の進化に伴って紐解かれていくものです。

明治天皇は、次のような美しい御製を詠み、日本の言霊を讃えています。

「あめつちも　動かすばかり　言の葉の　まことの道を　きはめてしがな」

祝詞からは、光を感じる人や芳香を感じる人もいます。ハートにエネルギーを感じたり、第三の目が刺激される人もいます。それらはすべて、祝詞の言の葉が持つ霊力によるものです。

私は、「ありがとうございます」「いただきます」「ごちそうさま」といった日常生活の言葉の中にもとても美しいエネルギーを感じています。それを毎日何度も唱えるのですから、心が美しくなるわけです。

世界各国の言語でも、身近な言葉に神様が隠れています。

例えば英語では、くしゃみが出た時やありがとうの代わりに「Bless you」と言いますが、これは「神様の御加護がありますように」という祈りの言葉です。何か起きた時に「My God」というのも、「神様！」という投げかけの言葉です。

「さようなら」の「Good bye」も「God be with you（あなたと共に神様がいますように）」の短縮形です。

◈祝詞を美しく音読する

サンスクリット語では、音声学（シクシャー）がとても発達しています。

サンスクリット語の文字と単語、文章を発音する時に、口の動きや舌の位置をコントロールすることにより、体内からどのように空気の流れが起こるのか、身体と口が発する音にどのように反響するのか、発する言葉の強さや長さはどのくらいが理想的なのかといったことが、高度に体系的に示されています。

同じ言葉であっても、その人の使い方によって世界が大きく変容すると言われています。そのため、音声学は「ドヴァニ・ヴィジュニャーナ：音の意識、音の心」とも呼ばれています。音声学をしっかりと学び、常に意識することで、最高の言霊が仕上ります。**自分の発する声が、自分を癒すだけでなく、人を癒し、地球を癒し、世界を癒していく**ことになります。

これは祝詞でも同じことです。

祝詞を紙に書くときには、間違いなく美しく音読するために、動詞の語尾や助詞を小さく万葉仮名で書くという習わしがあり、これを宣命《せんみょう》書きといいます。

私たちが言葉を発する前の言霊の根源は、最も精妙なエネルギー領域にある「シャブダ・ブラフマン」という大霊の属性から生まれます。

「シャブダ・ブラフマン」が、精妙な心の言霊の土台に変化してから、心の作用によって「思いの言霊」が形成されます。「思いの言霊」は、声帯、舌、口を通り、粗大なエネルギーの声「言葉」として物質世界に発せられます。

精妙なエネルギー領域の「シャブダ・ブラフマン」の波動と、言葉の波動が一致していれば、最高の言霊が言葉に含まれます。

この経路の途中で、波動が不一致になれば、言葉には良質の言霊が含まれることはありません。

心の深いところから愛していて、「愛している」と言葉に出せば、美しい言霊が含まれます。心では嫌っていて、建前上「愛している」と言葉にすれば、美しい言霊は含まれません。

言霊は、料理に喩えることも出来ます。

美しい心の作り手が良い素材を使い心を込めて作ったものと、企業が大量生産して機械で作ったものでは、見た目が同じ料理でも、波動が全く違うものになります。

私たちが発する美しい言霊を含んだ言葉は、肉体の耳に聞こえる領域だけではなく、遥かに精妙なエネルギー領域においても鳴り響いています。

自分の発する言葉に、イメージを盛り込むのもよい手法の一つです。

心が傷ついて苦しんでいる人に話しかける時には、言葉を美しい花として差し上げてください。病気で衰弱している人に話しかける時には、言葉を光の元氣玉として差し上げてください。

イメージした通りの波動が言霊に加わって、相手のハートに届くはずです。

言葉は、心に思った時点で、すでに言葉を発したのと同じ効果となります。

自分のハートから湧き出る思いと言葉が、想像以上に霊力を持ち、自分にも相手にも、そして宇宙にも影響を与えることを知り、**意識して言祝《ことほ》ぐことが大切**です。

神様に向けた思いと言葉や、愛に溢れた思いと言葉は、自分の精妙なエネルギー領域を聖なるものへと変容してくれます。

その影響は、自分だけに留まらず、外界にむけても良い恩恵をもたらします。

これが常に正しく思い、正しい言葉を使うことの本当の意味です。

◈神からの閃きの象徴、紙垂

神社には、いたるところに紙垂があります。紙を雷の形に折って吊り下げたものです。伊勢流や白川流などさまざまな折り方があり、紙が貴重な時代には、麻や木綿が使われていました。

紙垂にも多くの意味が多重に込められていますが、まず知っておくべきなのは、**紙垂は雷と風の象徴**であることです。

雷は、気づき（閃き）の象徴です。気づきとは神様のエネルギーである神氣がこの世界に到達する時に起こる現象です。神様の働きは、人体の中では電気的な波動として表れます。

「神」という字は、「示」に「申」を合わせたもので、「申」は雷を表す象形文字です。すなわち雷は、瞑想時や心が鎮まった時に見えない世界からピカっと下りてくる「雷（気づきや閃き）」、すなわち神・真我からのインスピレーションや智慧の象徴であるということです。実際に、気づきはとても小さな雷のような光でやってきます。

日々の生活において、天意に沿って今というこの一瞬を無心に生きる、つまり「中今」を生きていると、小さな「気づき」が繰り返し下りてきます。神社の境内のあちこちに紙垂があるのは、**中今に在る時の「気づき」**を象徴したものです。

さりげない「気づき」によって、人生が大きく変わっていくこともあります。**この気づきの蓄積が智慧となり、やがて悟りに繋がっていきます。**

風は、神の息吹の象徴です。

風は、すべてを一新し、新しい方向に変容する力を持ち、新たな活力と自由さを与えてくれます。精神的な停滞状態から高みへと導いたり、否定的破壊的なエネルギーを肯定的建設なエネルギーへと変容させたり、狭い視野を広い視野へと拡大し、囚われた心を開放し、執着やプライド、否定的な感情を吹き飛ばして浄化してくれます。

お祓いのための「幣《ぬさ》」に大きな紙垂が付いているのは、神の息吹である風を起こし、大いなる気づきをもたらすためです。

神社の至る所に紙垂があるのは、神理が至る所にあることを示しています。

◇御神木は鎮守の森のシンボル

神社の原点は、神様の天意の現れである自然であり、神社と森（杜）は一体化したものです。神社の「社」も「杜」と同様に「もり」とも読まれていました。大和言葉で読むと、神社は「かみのもり」と読めます。

日本は国土の大半を森が占めており、気候も温暖で四季の彩りがあり、湿潤です。その気候の影響によって、日本人の気質も、穏やかで優しく和する気質になります。

神社の杜は、空気に潤いを与える作用があり、この潤いは人の気持ちを和らげ、さらには神氣を伝わりやすくします。

そんな神社の杜の中でも、特に霊力の強いシンボル的存在が御神木です。

御神木は、神社の境内にある神聖とされる樹木で、他の樹木と区別するために幹に注連縄が巻かれていることが多いようです。

自然界の小さな草花から巨大な樹木まで、一草一木すべてに精霊が宿っています。さらには、鎮守の森のほんの一角1㎡の深さ4㎝までの表層土には、土壌生物が約28万匹、微生物が約15兆個も存在し、そのすべてに精霊が宿っています。それらの象徴的存在が御神木なのです。

神様の依り代となる神籬《ひもろぎ》の役割を持つ大きな樹木や、伝説がある樹木、樹齢を重ねた樹木、形に優れた特徴のある樹木、特に重要な神域にある樹木、神社に関連のある人物が関わった樹木など、御神木は様々な理由で選ばれます。

もともと神籬としての樹木が存在する場所に神社が建立されて、御神木とされた樹木は伐採せずに残されたものもあります。

御神木にはいくつか重要な役割があるのですが、ここでは7つご紹介しておきましょう。

1. 神様の依り代
2. 神氣を増幅し、植物ネットワークを通じて拡げる
3. 神域を創り出し、維持する
4. 人間の氣を鎮め、心を潤わせ、自然界の天意に合わせて調律する
5. 人の背筋をまっすぐに伸ばす
6. 自然界と命の尊さを人に認識させる
7. 天意ネットワークの中心的存在であり、人の愛の波動を世界に向けて広げる

御神木は、天に向かって大きくそびえていますが、この天と地を繋ぐ姿も神聖視された理由の一つではないでしょうか。神様を数える時に、「柱（木の主）」と書くのも、樹木を神聖視しているからだと思います。

さらに、御神木は目に見える部分だけではなく、土の下の根も深く大きく張り出し、美しく生きています。そして驚くことに、他の植物や菌類などと高度なネットワークを構築し、お互いに連携し合っていることが科学的に確認されています。

御神木は、主に人のハートのセンターにある心と真我の波動や神の純粋理性を増幅することが得意ですが、これに加えて、神社の社殿の造り（特に屋根と土台部分）は、人の脳のセンターの波動や神の純粋知性を増幅することを考慮して作られています。

植物が高度に発達した知的生命体であることを、多くの人は意識していません。

植物は、人類より遥か昔からこの地球上に繁栄し、独自の進化を遂げてきました。植物は、栄養源を太陽と大地に依存し、いかなる環境においても動かないで生存できるように、さまざまな状況に適応できる能力を培ってきました。

最初に種子が落ちて発芽した場所で、長い生涯を生き延びて子孫を繋いでいくことになるために、その生育環境に応じて、人智を超えた多様な知恵や能力を発揮していくことになったのです。

最近では、**植物が意思を持ち、独特な言語を持って植物同士で交流し合い、さらに人が発する心の波動にも反応し、理解する能力を持つ**ことも証明されています。

しかもそれらの能力は、寿命の長い樹木だけでなく、キノコでも持つことが確認されるようになってきました。

古代の日本人は、それを直感的に理解していたのでしょう。だから、芽は目、花は鼻、葉は歯、実は身などと、人の部位の名称と同じ発音の言葉を当てはめたのかもしれません。

日本人は、長い歴史のほとんどを森に囲まれて、動物たちを兄弟、植物たちを姉妹として共に生きてきたのです。

神社に鎮守の森があるのは当然の事です。

◇知的生命体として植物を尊重する

ルーサー・バーバンク氏は、人の意識で植物と交流することに成功して、三千種類を超える多くの新しい品種を作り出した伝説の園芸家です。インドの聖者パラマハンサ・ヨガナンダ大師が「アメリカの聖者」と讃えた人物でもあります。

彼の栽培する植物は、通常の何倍もの早さで立派に成長し、多くの花や実をつけることで有名でした。トゲのあるサボテンに「ここではトゲは必要ないよ」と語りかけて、サボテンのとげを消したこともあります。

彼は講演会で、次のように語りました。

「あらゆることに対して偏見や思い込みを捨てること。そして、忍耐強く、静かに、自然界の生命体に耳を傾けること。自然界は、愛と忍耐のある人に真理を示してくれる」。

皆は、技術的な秘訣を知りたがって参加していましたが、バーバンク氏はそれをはるかに超えた霊的な意識で、植物に接していました。

奇跡的な品種改良の秘訣を聞かれた時には「科学的知識の他に、植物を育てる秘訣は愛です」

と答えています。
１９０６年のサンフランシスコ大地震の時に、バーバンク氏の町は壊滅状態になりました。でも不思議なことに、震源地の近くにあった彼の温室だけが何の被害もありませんでした。バーバンク氏をよく知る人たちは、彼の植物たちが守ってくれたと信じています。

人が、エネルギーレベルで樹木と繋がれば、人の愛と祝福に樹木が素直に反応してくれることがよく理解できるでしょう。実際に、樹木の中にエネルギー体として入り込むという体験をした人たちも、すでに多く出てきています。

植物は、私たちの美に対する感受性とすべての創造物に対する愛を養ってくれます。心の美しさを養うには、自然界の植物たちとの交流が一番です。御神木との関わりは、人のハートの愛を引き出してくれます。それは、他の植物、生き物たち、岩、川、山々、太陽、月などへの関りへと繋がっていきます。

美しいものを見れば、自分の心に美しい共鳴が起こります。あなたが何かを見て、「美しい」と感じるのは、あなたの心の中に美しい領域があるからです。

同じ周波数の音叉の一つを鳴らすと、離れたもう一つの音叉も共鳴して鳴り始めます。違う周波数の音叉同士では、まったく反応しません。

私たちは、美しい大自然の周波数に合わせる生き方をすればいいのです。神社に御神木や鎮守の森があるのは、人の愛のリズムを天意のリズムに調律するためでもあります。

愛で地球を包む時に、最も強力に手助けしてくれるのも、植物たちです。

植物はそのネットワークを使って、**天意に沿った人間の愛を地球上に大きく広げてくれる増幅拡散装置**となってくれます。

人は、この驚くべき植物の能力を、現代科学が発達した今でもほとんど認識していません。

私たちはもう一度、**本気で植物を知的生命体として尊重し、しっかりと向き合う**べき時期に来ています。

神社の入り口の鳥居も御神木で作られたものです。人々のために幹本体を投げ出し、命を捧げたものです。

そして、神域には生きている御神木があります。生死に関わらず、人々のために役立っている尊い生命体であることを神社でも改めて実感することが出来るでしょう。

御神木に会いに行ったら、ぜひその美しさを讃えて、共鳴してください。

私たちが心から美しい波動を発すれば、御神木を通して、神社の神域全体で共有され、さらには世界中の植物ネットワークに繋がって広がっていき、ますます輝く世界を創ることになるのです。

◈神紋に秘められたエネルギー

大きめの神社の境内には、御本殿以外にも小さな神社があります。

摂社は、主に本社の御祭神に縁のある神を祀ったもの。末社は、その他の神を祀ったもの。伊勢神宮では別宮と称します。現在では、摂社と末社は同じ意味で使われています。

摂社・末社は、主神（大霊）と分け御霊の関係を示すとともに、自分の中にあるさまざまな心神の性質を示しています。

八幡様やお稲荷様、お伊勢様、熊野様のように全国展開するようになった神社は、10世紀以降に始まりました。
これは、昔はなかなか遠くへ行くことが出来なかったため、大元の神社にお願いして、神様を勧請《かんじょう》したのです。勧請とは、神様の分霊に来ていただき、希望する場所にお祀りすることです。

神社には、それぞれその神社特有の紋章があります。この神社の紋章を「神紋」、または「社紋」と呼びます。一般的には、その神社に関連した文様が採用されています。
神社に縁のある御神木や植物、あるいは伝承にちなんだもの、家紋に由来するものなど、さまざまな神紋があります。

天皇家の紋章である菊紋を、神紋として採用している神社も多くあります。天皇家から豊臣秀吉に授与された桐紋は、皇室との関係性を誇示するために、全国の神社に神紋として授けて広まりました。徳川家の家紋である葵紋《あおい》も、徳川家ゆかりの神社の多くが採用していますが、元は京都の上賀茂・下賀茂神社の神紋に由来しています。これは、御祭神降臨の時の「葵《あふひ》」を祀りなさい」との御神託によるものです。「あふひ」の「ひ」は神霊であり、「神と会ふ」さらには神と合一するとの究極の意味も込められているはずです。

アカシック・レコードを自由に読んで、多くの人の難病を奇跡的な治癒に導いたエドガー・ケイシーは、その人の魂の記録であるアカシック・レコードを統括したエネルギーは「ライフシール」という一つの紋様として表現することが出来ると述べています。

意識のエネルギーは、紋様として表現することが可能なのです。このライフシールは、各人で特有の波動を放ちますが、それと同様にすべての紋様は力を持ちます。

神社の神紋は、ライフシールの象徴でもあります。

神紋は、由緒や神話など、その神社の持つ独特のエネルギーがこめられ、この神社の神氣を参拝者に暗喩的に示すためのものです。それは訪れる人が、目にしてもしなくても影響があります。

古代では、例えばスフィンクスやピラミッドでは、立体的に計算された幾何学が見える場所だけではなく、見えない地下にも埋め込まれています。それは古代の人が、形に秘められたエネルギーをよく理解していたからです。

◈ 真我を思い起こすお神札・お守り

現代では、お神札《ふだ》もお守りもデザインが多様化されています。

お神札は、家の神棚や玄関、または大切な場所に設置したり、柱や壁に貼り付けたりします。古くは陰陽道において用いられてきたものを、神社が取り入れたようです。

家の神棚は、伊勢の神宮や熊野への参拝信仰が全国に広がって、神宮から授かったお神札を自宅に祀るために始まったとされています。神棚は小さいながらも、神社の「遥拝所《ようはいじょ》」であるため、心構えは神社にいる時と同じになります。

神棚は、基本的に東向き、または南向きに置かれます。これは神社の建築と同じです。

東向きは、瞑想と同じく、地球の自転方向の影響で太陽が昇る東向きが最も真我へ達成しやすいことに由来しています。

南向きは、君主は南に向くことが尊いとされてきたことや、最も太陽光が入り部屋が明るいこと、風水では南に繁栄の意味があることなどに由来しています。

お守りは、お神札の携帯版になります。錦の小さな巾着のような袋の中に、お神札を入れたものですが、中には小さな勾玉や水晶や神社のまつわるレプリカなどを入れたものもあります。

最近ではお守りの中にSDカードが入っていて、画像データが収められているものもあります。いずれスマホ連動型のお守りなども登場するのかもしれません。

お守りの数え方は、一体、二体と「体」が単位になります。これらは、配布前に神前においてお祓いされています。

お神札とお守りは、神様の御分霊の象徴です。それは、**自分自身も主神からの分け御霊であること、自分自身の身体の内側にも真我という内在神がいることを常に思い起こすためのものに**なります。

本当に大切な神棚は自分自身であることを、忘れないようにしたいものです。

お守りやお神札は、基本的に一年を目安に初穂《はつほ》料と共に返納します。

これは、一般的には霊力が電池のように切れてしまうと説明されていますが、実際には良質の霊力であれば、一年で消えることはありません。ただし、所有する人の意識の関係で、

「氣《ケ》」は次第に枯れていきます。

毎年新しいものに取り換える本当の理由は、人は停滞することなく、常に成長・進化していくからです。

神様へ向けた願い事も、自分のことから、次第に周囲の人たちのこと、日本のこと、地球のこと……と、どんどん利己心が消えていくはずです。だから、いつまでも古いお神札やお守りに固執することなく、自らの霊的成長に合わせて、一年に一回は願望を新たにすべきなのです。

伊勢の神宮では、20年ごとの遷宮の時に、諸社殿が新しくなるだけでなく、714種、1576点もある神宝《しんぽう》もすべて新しいものと交換するのです。

このように意識に節目を作ることは、心に新鮮な気づきを与え、惟神の道を歩くための推進力にもなる大切なものです。

◇神意を伺うおみくじ

個人の運勢や吉凶を占うために用いられる「御御籤《おみくじ》」は、本来、物事を始めるにあたり、まず御神慮《しんりょ》を仰いで、天意に基づいて、慎みながら謙虚に物事を遂行しようとすることが起源となっています。

現代社会では、占いが流行しています。本来「うらない」とは「卜相ひ」。「卜《うら》」とは心であり、命です。**自分の心と創造主である神様の御心を合わせることによって、神様の天意を伺う行為を**意味していました。神の御心（天意）を伺うことは、自分のハートにある真我の声に耳を傾けることと同じことになります。

古くは亀の甲羅を焼いた後でヒビの入り方で占う亀卜《きぼく》がありました。鹿や猪などの骨でも同様のことが行われていました（卜骨《ぼっこつ》）。また、神牀《かむどこ》と呼ばれる神様からのお告げを待つ寝床もあります。

このように天地照応の原理を利用して、さまざまな手段によって、神意を伺おうとしていたのですが、おみくじもその一つです。ちなみに、現代の全国で授与されるおみくじの約70％

は、二所山田神社が女性神職の地位向上のために設立した新聞社「女子道社」で製造されています。

おみくじは、日常生活において、いつも自分のハートに内在する真我にお伺いを立てて、神理に沿った行動を心がけることの象徴なのです。

「日本書紀」には、有間皇子《ありまのみこ》が紙片「短籍《ひねりぶみ》」を用いて、御神慮を仰いだという記録が残されています。

昔の政治《まつりごと》では、占いやくじ引きを利用して神意を判断することがよくあったようです。将軍の就任をくじ引きで決めたこともあります。

最近でも、米国第40代大統領のロナルド・レーガンは、重要事項の決定を始め、首脳会議の日程からエアフォースワンの搭乗時刻まで、星占いで決めていました。

現代のおみくじは、神社によって、大吉や凶などの配分を決めることが出来るため、大吉を多く引くことが出来る神社もあります。現代社会では、大吉が好まれるからです。

しかしながら、元々の易では「大吉」は避けるべきものとされていました。それは今が一番良い状態であるとすると、今後は運気が下がる可能性が大きいからです。反対に「凶」は、これから運気が上がる吉兆とされていました。

「禍福《かふく》は糾《あざな》える縄の如《ごと》し」と言うように、物質世界では「難と福」は縒り合わせた縄のように表裏一体で起こることです（注連縄も同様です）。どのような結果を引いても、喜怒哀楽に結び付けることなく、有難く受け取りましょう。

人が目標とするのは、難を減らすことでもなく現世の福を増やすことでもなく、難と福の体験を通して、それらを統合し、超越することにあるのですから。

おみくじは、好みの結果ではなかったとしても、何度も引くことは出来ません。それは穢れを作り出す行為とされています。欲や執着が生まれるからです。

引いたおみくじは、指定された木に優しく結ぶか、お守りとして持ち帰ってもよいでしょう。

多くの社会的混乱やいまだかつて無かった体験を通して、現行の社会システムでは万人の幸福はありえないといった欠点を見つけ出し、戦争では平和は実現しないという事実を体験し、所有よりも分かち合いの大切さを知り、対立よりも助け合いに光を見つけ、外側の世界よりも内側の世界に幸せを求める気持ちが高まっていくといったことを、今まさに何十億人という魂が一斉に学んでいます。

物質的な観点からみると一見悲惨な状況であっても、魂レベルから見ると、とても魅力的な学びの場に自分が置かれていることが分かるはずです。

心に受けた傷には、神様の霊光が射し込みやすいということは、覚えておくとよいでしょう。それは、今まで外の世界ばかりに向いていた意識が、内側を向くからです。

この世界の苦難は、地上での人生が幻想（マーヤ）であることを悟らせるためにあり、そこから学ぶことが大切なのです。私たちが合一を目指す神様は、善悪も苦楽も超越したところにおられるのです。

インドの聖典「バガヴァッド・ギーター」の主人公アルジュナの母は、「神様、私は喜びや平穏順調な生活はいりません。苦しみ、悲しみをお与えください」と祈っています。

ドイツの奇跡の聖女テレーゼ・ノイマンも「激しい苦痛や困難の時ほど、神の限りない愛を感じられることはありません」と述べています。

私たちの思考は、どうしても物質的な尺度から抜け出せないままでいます。でも、**もっと大きく全宇宙的視野を意識すると、どんな出来事も身魂磨きの嬉しいことばかりなのだという本質を受け入れることが**、惟神の道を歩む人には必須のことになります。

◈願いの実現を加速させる絵馬

絵馬は、実は願い事に関してとても重要な役割を果たすものであるにも関わらず、軽く考えられています。

それは、絵馬が縁起物に分類されているからです。社務所や授与所でいただける授与品には、お神札やお守りのように御祭神の霊威が宿っているものと、それ以外の縁起物に分けられています。絵馬や破魔矢、土鈴《どれい》などが縁起物とされています。

現在では、絵馬は願い事を書いて、神社に奉納する五角形の板のことです。境内には絵馬を奉納する絵馬掛けや、現代でいう美術館のような絵馬殿がある神社もあります。最近は、奉納することを前提にお持ち帰り用の絵馬も増えています。

絵馬が誕生する前の奈良時代には、神様が乗り物として使われる馬が神馬《しんめ》と呼ばれていました。御神事で神様をお迎えする際に、生きた馬を献上した記録が「続日本紀《しょくにほんぎ》」や「常陸国風土記《ひたちのくにふどき》」などに残されています。

ただ、本物の馬を献上できる身分の人はごく一部に限られていたことや、受け取る神社側も世話が大変だったことから、本物の馬の代わりに粘土で作った馬形《うまがた》や、紙や木や金属で作った馬、そして馬を描いた板などが奉納されるようになりました。これが「絵馬」の始まりです。

時と共に、大型で豪華な絵馬から小さな絵馬までさまざまな絵馬が出てきました。江戸時代には小さな絵馬が庶民に広がり、人気になったようです。

今では、誰もが祈願できるように小絵馬が一般的になっています。描かれている絵もさまざまで、形も五角形だけでなく、ハート型などのユニークなものも出ています。

さて、そんな絵馬の何が重要な役割を果たすのでしょうか。

それは**「願いを木の板に書く」**ということ。

木の板に丁寧に心を込めて願いを書くと、不思議なことに実現が加速します。

誰が聞いても、迷信だと思うでしょう。でも、トップアスリートたちの子供の頃の卒業アルバムや作文に「世界的プレイヤーになる」と書いてあったなどということがよく報道されているように、これは多くの人たちが実証してきた事実なのです。


具体的な目標は、思うだけではなく、心を込めて紙に書くことが重要です。

紙に具体的に書くことによって、今まで四方八方に分散していた意識が、一点に集中するようになります。意識を一つのことに深く集中させて物事を行うと、心が分散した状態で行うよりも、遥かに効率良く成し遂げることが出来るのです。


絵馬に願いを書くときには、「願い」と「成就の御礼」を兼ねるために、「○○したい」ではなく、**「○○する」「○○になる」と宣言することが必要**です。宣言することによって、願いはまず自分の心を通してハートに鎮座する真我に伝わり、真我を経由して神様に届くものだからです。

さらに、ただ「お金持ちになりたい」ではなく、「人々の益になる○○をします。そのためにこれだけの資金が必要です」となるべく具体的に書き記すことが大切です。

そして、もう一つ大切なことは、欲を捨てて、素直な心を書くことです。

願いと成就は、コインの裏と表のような関係だと思って、真剣に願うのであれば成就を確信することです。願いというよりも、「誓い」だと思って書いてください。

人気漫画『ONE PIECE（ワンピース）』の主人公ルフィは、「おれは海賊王になりたい」という願望型ではなく「海賊王におれはなる」という**誓い型を使って断言**していますが、この手法が肝心です。

催眠術でも、「あなたは眠くなりたい」ではなく「あなたは眠くなる」です。

新約聖書の中でイエス・キリストも「祈り求めるものはすべて既に得られたと確信しなさい。そうすれば、その通りになる」と述べています。

自分自身がその願いと一体化して全面的に信じた時、願いのエネルギーは最も強まります。そのための手段が、字を書くことなのです。

自分の日記やノートでも同じです。しっかりと文字にして心を込めて書くということが大切です。

絵馬は紙と比べると高価で、神域で入手した有難いものでもあり、何より神様への願い事なのですから、いつもよりも格段に丁寧に書くはずです。

「絵」馬ですから、願い事も絵を描くように、丁寧に芸術的に描いてみることをお勧めします。それが**「夢を描くこと」**にも繋がります。

禅では、僧侶が書いた書を「墨跡《ぼくせき》」と呼ぶことがあります。墨跡には、書き手の人格、心の状態が明確に残されています。

この墨跡は、禅僧でなくても、誰が書いても同じです。絵馬に書かれた墨跡を、神様は深く理解していることを知っておきましょう。

文字にして書くという行為によって、自分の思いが漠然としたものではなく、具体的なものとしてより深い意識へと到達します。

すると、潜在意識はその目標に向かって動き出すことになります。それと同時に、見えない世界からのサポートも始まります。

絵馬は、書いたらすぐに奉納するのではなく、自分だけが毎日見られる場所、特に寝る前に見られる場所に掲げて置くこともよいでしょう。

また、願い事は、複数書いても問題ありません。

絵馬を絵馬掛けに奉納する時には、絵馬掛け全体の絵馬を視野に入れて、「すべての皆様の願いが叶いますように」と念をこめて奉納しましょう。すべての人々の幸せを強く願う心の在り方は、霊性をさらに高め、願いを強めることにも繋がります。

現代の絵馬の風習は、高次元の存在が関わって創られたシステムの一つです。

絵馬は、心に思うだけでなく文字として表現して、行動することの本当の大切さを教えてくれる手段です。絵馬も、神社に入る心構えで述べたようにアファーメーションの一つなのです。

もう一度大切なことを書いておきます。

心を込めた宣言によって、宇宙に遍満する神聖なエネルギーを確実に動かして、自分だけでは成し遂げられないようなことができます。困難が起きた時には、それを乗り越えられる助けを必ず得ることができます。

◇燈籠は真我の導きの灯り

神社では早朝未明や深夜に御神事が行われることもあり、燈籠《とうろう》が参道に並んでいます。燈籠に明かりが灯った様子は、とても美しい光景です。

燈籠は、もともとは奈良時代の仏教から始まり、平安時代以降の神仏習合の影響で、神社にも取り入れられました。

燈籠の明かりは、道を明るくする照明という以外にも、様々な理由で灯されるものです。火は、智慧の象徴でもあります。また、悟りを開いた人は、財宝や御馳走よりも、自然の香りや花、明かりを供物《くもつ》として好むとされている「香華燈燭《こうげとうしょく》」にも由来するようです。灯りを見せる格子「透かし」は、七宝紋や十字、卍《まんじ》などがあり、これらにもこだわりが見られます。

ちなみに、十字はイエス・キリストから始まったわけではなく、もっと遥か古くから神の法の象徴、自我の放棄や自己献身の象徴として、世界各地に存在していたシンボルです。

神社においても、燈籠の火は神聖なものです。参道に並んで置かれているのは、照明の役割と共に、邪氣を祓う意味もあります。

先に述べた通り、参道は火の元素の象徴であり、奇しくも燈籠の火と重なります。

また燈籠は、熱心な祈願者たちによって奉献（寄進）されたものでもあり、神様の御加護を願う気持ちが強く込められていることは言うまでもありません。一つひとつの燈籠に、寄進者たちの心が込められているのです。

春日大社では、万燈籠といって、８００年前の昔から今に至るまで、様々な身分の人々から奉納された３０００基にもおよぶ全ての燈籠に火を灯す御神事が、年に二回行われています。


この灯籠の火は、自分の真我の導きの灯りだと思ってください。

どんな時にも、自分自身の純粋な灯りを目印に進んでいくのです。外側の世界から得られる情報に期待して、盲目的に従ってはいけません。惟神の道を歩む上で必要な光の道標は、自分自身の内なる光です。

外側からの情報は参考程度に留めて、自分の内側の智慧で行動する習慣を身に着けることを、燈籠を見たら思い出してください。この習慣があれば、先が見えない五里霧中の中にいても、閃きのような形で内在する光が導いてくれるようになります。

それが、安定して静寂な心を築き、明晰《めいせき》に冷静に物事を判断できるようになっていく「智慧のある人生」の秘訣です。

◆長者の万灯より貧者の一灯

「長者の万灯より貧者の一灯」という言葉があります。

これは、お金持ちが見栄をはって儀礼的に多くの寄進をするよりも、貧しい人であっても真心を込めて寄進をするほうが尊いという意味が込められていますが、実際にはもっと深い意味が隠されています。

ある時、お釈迦様御一行がある村で説法を行うことになりました。

生まれた時からずっとその村で、物乞いをしてかろうじて生きてきた女性、難陀《なんだ》は、食事を恵んでくれた優しい人から、「偉いお坊さんがこの町に来て、今夜から説法を始めてくださるから聴くとよい」と勧められました。

難陀は、これまで考えたこともなかった偉い僧侶の話がどんなものか気になり、なんとかお釈迦様の話を聞いてみたいという衝動に駆られました。

夜になり、難陀は思い切って説法が行われる精舎《しょうじゃ》に向かうことにしました。

精舎に至る道沿い、さらに精舎の説法会場には、お金持ちたちが御布施《おふせ》したたくさんの灯明がまばゆいばかりに立ち並び、夜にもかかわらず明るく幻想的な光景に、難陀はすっかり圧倒されてしまいました。

そして、その幻想的な光景の中にお釈迦様が現れ、お話をされました。今まで生きる意味すらも分からず、ただひたすら餓えをしのぐためだけに物乞いをして生きてきた難陀でしたが、お釈迦様の話はその心に大きく響きました。

「老若男女、あらゆる身分、富める者も貧する者も、すべての人が法の中で平等に幸福になれる。この法を求める者、いつでも御布施を心がけなさい」。

難陀はお釈迦様の言葉を深く胸に抱いたまま、帰路につきました。難陀には、御布施するような余力など全くありません。難陀は考え続けました。

そして、「あの精舎の道に一灯を寄進できたらどんなに良いことか」と思ったのです。

翌朝、難陀は早朝に起きるとすぐに家々を回り、物乞いではなく、お釈迦様の話をして灯明のための寄付を請いました。彼女は熱心に家々を回りましたが、真剣に聞いてくれる人はいませんでした。

それでも難陀は、お釈迦様に灯明を布施したい一心で、食べることさえしないまま、怯むことなくさらに家々を回り続けました。

やがて一日が終わろうとする頃、ある老婆が難陀の話をしっかりと聞いて、ついにわずかな施しを恵んでくれたのです。

難陀は天にも昇る気持ちで、走って油屋へと向かいました。でも、そもそも油屋が何処にあるのかさえ知らなかったために、多くの人に尋ねながら、飲まず食わずのまま、遠くの町までやってきました。そしてようやく、一軒の油屋を見つけました。

難陀は、老婆からいただいたわずかなお金を差し出して、店の主人に一灯分の油を売ってくれるよう頼みます。

でも、そのお金を見た店の主人は、「こんな金額では油を売ることは出来ない。分けてやりたいところだが、うちも貧しい商いだ。残念だが帰ってくれ」と言いました。

難陀は土下座して、「私はこれ以上何も持っていません。私の髪が売れるならすべてこの場で差し上げます。何卒一灯分の油をください」と必死に懇願します。

店の主人は「なぜそこまでして油が欲しいのか?」と尋ねます。

難陀は、熱心にお釈迦様が説いたことを話して、自分の命を懸けてでも一灯を寄進したいということを伝えました。すると店の主人は、「お釈迦様のことは聞いたことがある。それならば残りの油の代金はうちの店で寄進しよう」と言って、難陀に油を渡しました。

こうして油を手にした難陀は、一目散にお釈迦様のいる精舎に駆け付けて、たくさんある中のたった一本の灯明を立てることができたのです。

その日の夜、お釈迦様の説法の後で大きな嵐がやってきました。一万灯もの灯明の片づけは、翌日の朝、嵐が過ぎ去ってから行うことになりました。

翌日の早朝、釈迦大師の弟子である目連が、昨夜の灯明を片づけに行きました。灯明は昨夜の嵐の影響ですでに消えていましたが、たった一つだけ、暴風雨に晒されても夜が明けてもなお、明るく灯り続ける灯明がありました。

目連はその灯火を消そうしましたが、どうしても消えません。

これは何かの印に違いないと感じた目連は、すぐに師に報告しました。

するとお釈迦様は、「その一灯は、難陀という女乞食が御布施した灯火だ。その灯火はお前の力で消すことはできないだろう。どんな嵐が来ようとも、もし大海の水を注いだとしても、燃え続けるほどの念が込められたものだからだ。人々の心の闇を照らそうとする、海よりも大きな慈悲の心から御布施された灯火なのだよ」と答えたのでした。

この逸話の主人公である乞食の難陀とは、地上にいる私たちの姿の象徴です。

乞食として必死でその日暮らしをしている難陀とは、無智（無明）の中に生きている人の象徴です。

お釈迦様の説法を聴いてみたいと思った難陀は、無明の中にいながらも神へと向かう心が芽生えた人の象徴です。

お釈迦様の説法をしっかりと聴いた難陀は、私たちが聖なるものを理解しようと取り組む姿の象徴です。

油を求めて必死に努力をして一灯を寄進した難陀は、神聖な世界だけに目を向けて精進し、日常でも実践する姿の象徴です。

嵐でも消えない難陀の灯火は、聖なる行為を実践した人のハートに灯る明かりの象徴です。聖なる行為によってハートに灯された小さな明かりは、決して消えることがありません。

こうして、毎日毎日を大切に、一灯一灯の永久不滅の灯りをハートに灯し続けることによって、やがて万灯となり、ついには光明を得ることになるのです。

◈御神酒は神様への尊い捧げもの

御神酒《おみき》（御饌御酒《みけみき》）は、最も尊い神饌《しんせん》の一つとして献上されます。御神酒は、神様にお供えするときは「ごしんしゅ」と呼び、直会《なおらい》で人々に振る舞われるときに「おみき」と呼ぶこともあるようです。

神饌は、神様にお供えされた御食事です。素材そのままのものを素饌《そせん》、人の手を加えたものを熟饌《じゅくせん》と呼びます。

神饌で最も重要視されるのは、お米（稲穂）です。

お米には「稲魂神《いなだま》」という神様が宿っています。稲魂神の父は須佐之男命《すさのおのみこと》であり、母は奇稲田姫《くしいなだひ》、別名に饌津御子神《けつみこのかみ》という食物神があります。

「古事記」には、天照大御神が営田《えいでん》（新嘗祭《にいなめさい》のための田圃）で稲作を行う様子が描かれています。つまり稲作は、神聖な御神事ということになります。

「日本書紀」には、天照大御神が、天児屋命《あめのこやねのみこと》と布刀玉命《とふとだまのみこと》に対して、日本の民の主食にするために斎庭《ゆにわ》の稲穂を授けなさいと神勅した様子が記されています。これは最も重要な神勅の一つとされています。

一粒のお米（種籾《たねもみ》）が、大地に入り、天の光を浴びながら、豊かな実りを生み出していく自然の営みの中に、神様の天意がいかに完璧な法則であるかを、私たちは見出すことが出来ます。

こうして稲《いね》は「命の根」となり、お米は神様から主食として授かった貴重なもので、それを食すことで神氣と繋がることが出来ると信じられていたようです。

また、収穫後の稲藁からは、神聖な注連縄が作られます。

お米は、「五種《いつくさ》の穀《たなつもの》」である稲・粟《あわ》・稗《ひえ》・麦・豆の代表格であり五穀の象徴でもあります。「五穀豊穣」、すなわちこの五つの豊作を願うことは、すべての分野での繁栄の象徴とされています。**お米を大切にすることは、あらゆるものを大切にすることに繋がっているのです。**

毎年最初に収穫した稲穂を初穂と呼んで、必ず神様にお供えします。この初穂は素饌です。神社に金銭を奉納する際に、「初穂料」と書くのは、尊いお米の代わりに金銭を入れてあるからです。

御神酒は、お米に多くの工程を加えて、心を込めて作られる熟饌であるため、非常に尊いとされています。御神酒には、白酒《しろき》、黒酒《くろき》、醴酒《れいしゅ》、清酒《せいしゅ》と、作り方によって4種類があります。

御神酒の作法を簡単に記しておきましょう。

1．神職（御巫）が御神酒を注ぎに来たら、一拍手（礼手）で感謝を表します。

2．盃を両手で持ち、親指（神様を表す）だけ上に向けて、あとの４本の指は下から盃を支えます。

3．御神酒を注いでもらい、神職の合図があってから、三口に分けていただきます。三口は三つの世界（神界・幽界・地上界）に向けたものです。

4．飲み終わったら、親指（神様）、人差し指（真我）、中指（人間の清浄な性質）の三本の指で口をつけた個所を拭く。

5．盃を丁寧に戻す。

ところで、人の手が加えられた熟饌が尊ばれるのはなぜでしょう？

あなたの自宅にとても尊敬する人が夕食を食べに来るとしたら、心を込めて食事を用意すると思います。もしそのお客様が神様だったら、全身全霊の愛を込めて料理するのではないでしょうか。だから、神様へ捧げられる熟饌である御神酒は、尊いのです。

ちなみに、漢字の「福」という字は、神様の祭壇になみなみと注がれた御神酒を表す象形文字が語源になっています。

それにしても、最近の日本人はお酒を飲み過ぎているようです。天意に沿って生活していると、身体はそれほどアルコールを必要としないものです。

お酒は元々、御神酒としていただくもので、身体にアルコールを入れて肉体を酔わせる目的で毎日飲むということはなかったはずです。飲酒が日常になった現代の日本では、御神酒をお祝いの席や祭りや御神事で飲む「盃事《さかずきごと》」の精神が忘れられてきているのかもしれません。

酒を酌み交わして固く誓う御神事である「盞結《うきゆい》」という言葉は、覚えておいて欲しい大和言葉の一つです。

◇神と共に食事をいただく

神と人が同じものを食べる神人共食《しんじんきょうしょく》は、恩頼《みたまのふゆ》をいただく大切な儀式です。恩頼とは、神々の御魂と交流することにより、御加護が増し、御稜威《みいつ》（神の御威光）によって繁栄することを言います。

ここでは一つだけ、神人共食の秘訣を書いておきましょう。

それは「箸置きを上手く使うこと」です。

お箸で口の中に食事を入れたら、お箸を箸置きに置いてよく咀嚼するのです。お箸を箸置きに置いてよく咀嚼すると、利き手にお箸を持ったまま咀嚼する時とは感覚が全く変わることを体験できるはずです。箸置きとは、意識を口に集中させて、よく咀嚼し、よく味わうために使うものです。


聖典「バガヴァッド・ギーター」には「祭祀のお下がりを食べる善人は、すべての罪から解放される。しかし、自分達のためだけに料理を作る悪人は、罪を食べる」という記述があります。

祭祀のお下がりとは、神に捧げた供物の一部を分けていただくこと。神に捧げた供物も元々は神から授かったものです。

この世界のすべてのものは神から授かったものです。それには当然、肉体が摂取する物質的な食べ物も、心が摂取するエネルギー的なものも含まれます。

私たちの肉体は、食べたものによって作られています。食べたものによって、心も大きく影響を受けます。

この地球には、人の魂が成長するために必要な、ありとあらゆるものが揃えられています。空気も光も水も海も山も、さまざまな生物や微生物も、すべてが絶妙で理想的なバランスを保ちながら、神様の恩恵の元に存在しています。

私たちが、それらすべてを利用できる環境に置かれているのは、地上での究極の目的である至高の境地に達するためです。

その崇高な目的を忘れて、物質界での欲望に溺れ、感覚器官の満足だけに地上の物質を利用するのであれば、それは盗賊以外の何者でもないことになります。

自分の肉体は、この地上において至高の境地を達成するために、いつでも清浄に保たなければならないものです。

肉体を真我が宿る神殿だとすれば、食事は礼拝のようなもの。古代インドの叡智であるヴェーダには、良質の食べ物を摂取することが、感覚器官の制御や心身の浄化に繋がり、解脱への道を整えることが示されています。

食べるものを変えていくことも大切ですが、それよりもまず、感謝の気持ちと共に神へ捧げる気持ちを持つことによって、食べ物は浄化され、質を高めることになります。

神様に捧げられた食事には、神様が喜んで召し上がることにより、最高の波動が移っていると考えるのです。それらは見えない精妙なレベルにおいて行われているとされています。


供物を神様やご先祖様に捧げる風習は、今でも日常的に行われています。

そして、神様に捧げた供物を下げてから、皆でいただく「直会」という神と共に食事を行う儀式は、神と共に在ることを感謝する気持ちを高める上でとても大切なものです。食事に対する意識を常に正しく持つことは、自らを清め、邪悪な性質を遠ざけることとなります。

神人共食は、神人合一への惟神の道を歩む人には、必須の心の在り方です。


日本の結婚式などで今でも行われている三三九度《さんさんくど》の盃も、新郎新婦が神様に捧げた御神酒のお下がりを頂くことで、一つになると信じられている風習です。日本にはお下がりの風習が他にも数多く残されています。

ちなみに、日本に古くから伝わる風習に「陰膳《かげぜん》」というものがあります。これは、遠く旅に出ている家族や、亡くなった故人のために用意する食事のことです。心は離れていてもいつも繋がっているという、優しい思いに由来する風習であり、これも万物が神様の表れという観点からすると、神人共食となるものです。

ところで、神様への最高の供物は、何だと思いますか？
稲穂ではありません。稲穂は象徴です。

神様への最高の供物は、私たちの日常の一つひとつの小さな行為です。

「私が思うこと、話すこと、行うことを、すべて神様に捧げます」という思いをもって、自分のすべての行為を神様に捧げることが、最高の供物となるのです。

第4章

神社参拝を進化させる

宇宙に遍満する完全な純粋意識を知る

◇心と神社を照応させる

先に、神社は肉体構造と同時に霊的構造をも示している神社もあると述べました。

例えば、伊勢の神宮には内宮と外宮があります。

この構造は、陰と陽、日と月をはじめとする主に二元性の統合を主体としたさまざまな神の法の象徴となっているのですが、その他にも神社全体を心神とみなした構造にもなっています（ちなみに、伊勢の神宮と出雲大社（杵築大社）のように、神社間にもさまざまな関係性の象徴が見られます）。

外宮は、心の構成要素のうち頭部に中心があるマナスとブッディの象徴であり、内宮は、心の構成要素のうちハートに中心があるアハンカーラとチッタを象徴しています。

また、内宮のチッタの象徴である正宮では、世界や国の平和といった願いを伝えるのが良いとされ、個人的な願い事はアハンカーラの象徴である荒祭宮《あらまつりのみや》で行うことが望ましいとされています。

このことは、真我を包むチッタと自我を作るアハンカーラの特徴をよく再現しており、これを知るだけでも、参拝の心構えがより神聖なものへと変わります。

ちなみに、二元性の統合の次の段階には「超越」があるのですが、この修練法は神社の中ではなく、古代インドの哲学書「ウパニシャッド」に記載されています。

◇神社参拝を進化させる

これまで述べてきたとおり、神社は**人間が内在する真我へ到達する瞑想体験のシミュレーション**の役割を果たしています。

ここでは、観光モードや参拝モードを卒業し、瞑想モードで神社へ参拝に行くことを希望するときに、覚えておいていただきたいことを挙げてみましょう。

1．一本の蝋燭の火を何本もの蝋燭に分け与えるように、創造主である大神様のエネルギーを分け与えられたのが、私たちの魂であるという自覚を明確に持つこと。

2. 瞑想で真我と合一するまでのプロセスを感じる瞑想体験として、神社を自分の身体、御神体に依り付く神を自分の真我として参拝すること。

3. 神社を最大限活用するために、毎日しっかりと自分の真我探求に努めること。

4. 瞑想と真我実現への意志を日常のすべての所作に広げ、神様と共に在る生活を心がけること。

5. 高次元の神氣を感じ取るよう意識すること。

カリ・ユガの時代には、ただ神社の神々に参拝するだけの状態でしたが、ドワパラ・ユガの上昇期の今は、自分の真我を確立するための参拝へと進化してきています（47ページ参照）。

これからは、日々の丁寧な暮らし、そして自己研鑽や瞑想をすることなく、現世の物質的御利益ばかりを願うような参拝だけでは、神社を活用できているとは言い難くなります。

日々瞑想を行い、惟神の道を歩む上での真我探求のための修練場として、神社を活用していただきたいと思います。

◈ケガレとハレの仕組み

神社の隠された本質を理解すると、日本の伝統の儀式や御神事のすべての所作に、深い意味が込められていることが理解できるようになります。

それによって、今まで真意を理解することなく形骸化してしまっていた所作が、有意義な所作へと変わります。するとそれを、日常生活のすべての所作にも応用していくことが出来ます。


「ケ」と「ハレ」という言葉があります。

「ケ」とは、日常生活で使われる生命力です。基本的には、常に神様から真我を経由して供給され続けているものです。

ところが、日々の生活を送るうちに、心の中には欲望や邪念が入り、真我の周囲を覆っている心（アハンカーラ）が濁ってきます。すると、真我の発する光が濁った心でブロックされてしまうのです。

これは、大空に分厚い雨雲が広がって、太陽光が遮られた状態に喩えることが出来ます。太陽からの光がなければ、エネルギーが充分に届かなくなり植物は枯れてしまいます。植物が枯れると、動物たちも弱ります。

これを回復させるには、濁った心を清浄化して、再び空を「ハレ（晴れ）」にすれば、太陽からの光が届くようになります（興味深いことに世界各地で、神様の絶対真理のことが快晴の空に喩えられています）。

これが、「ケ」が枯渇すると「ケガレ（ケ枯れ）」になり、「ハレ（祭祀）」による神との交流で「ケ」が回復する、という意味です。

心がいつも清浄になれば、大空が晴れ（ハレ）渡り太陽光が射し込むように、真我からの霊光によって、「ケ」が枯れることがなくなります。

同じように「罪《つみ》」は、利己心を増幅する行為によって心の要素アハンカーラが黒く濁り、真我を包み隠してしまう「包身《つみ》」に由来します。

「科《とが》」とは、「十《と》」すなわち神の法則に「我《が》」を合わせたもの。自我によって天意から外れた行為を意味します。

人の理想的な人格を真円とすると、多くの人は円周のあちこちに「尖《とが》」りがあります。それが真円である天意に自我（エゴ）を足したものであり、再び天意に合う清く正しい行為を行うことによって、自我が作り出した「トガ」りを削り落とし、真円にしていく必要があるのです。

ここで大切なことは、ケガレは忌み嫌うものではないということ。それは、ケガレをよく体験することでハレを真に理解できるからです。スマホを使えば電池の容量が減りますが、また充電すればよいだけであるのと似ています。

罪（包身）も科（十我）も幻想世界での学びであり、心の濁りを清めて神様が示す天意を正しく読み取ることが大切なのです。

自分が正しいと信じて行動しても、それが天意から外れていれば間違いは起こります。でもその間違いは貴重な学びとなり、より天意に近づく機会となります。

転んだ人でなければ、起き上がり方を学ぶことは出来ないでしょう。この学びの学校である地球では、間違いは繰り返さない限りは悪いこととは言えないのです。

雨の後の川の濁った水をよく見ると、水に泥が混ざっているだけであり、時間の経過と共に泥は沈み、またきれいな水に戻っていきます。それと同じように、どんなに罪を犯す人であっても、その本性は清らかなのです。

このように、**善悪を超越した神様の視点から見れば、どちらにも大切な意味があり、どちらも身魂磨きに必要なもの。**

ケガレを嫌うのは、清浄な精進料理を喜んで口に入れて、下から出てくるときは不浄なものとして嫌うようなものです。そのような心の在り方であれば、惟神の道の奥へは進むことが出来ません。

ただあるがままの状態を喜んで受け入れながら、**心を清めていくことに専念すればよいのです。**

◇美しく広がる真我の光

心神の構造は、地球の構造にも照応しています（下図参照）。

右側が心神の模式図、左側が地球と大気の層の模式図です。

一番外側に純白の光の層があり、その内側には朝日のような黄色く輝く光の層があります。これら外側の層は、とても精妙な波動のために、慣れないとなかなか霊視することができません。それは、国際宇宙ステーションが、地球の一番外側の層にいても宇宙にいるように思えるのに似ています。

瞑想で霊的心臓内に入り、霊視すると最初に見えてくるのが、真ん中の層である微細プラーナです。

この微細なプラーナは、チッタが放出した精妙なプラーナの波動を落した光で、光に照らされた霧のように見えますが、チッタの状態によってさまざまに変

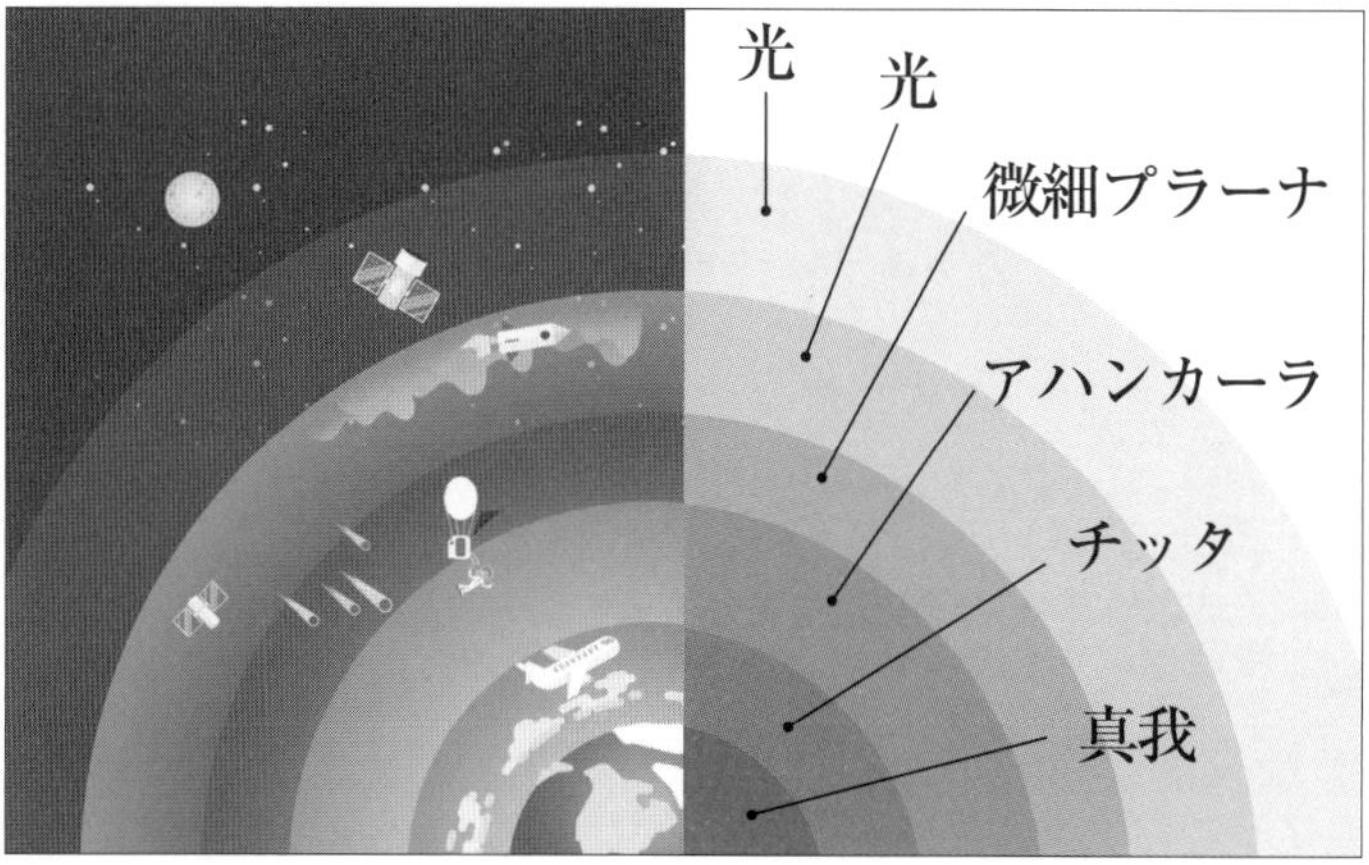

化しています。

心も真我と同じように光を放って見えます。

心の光と真我の光は、月と太陽の関係と似ています。

月自体は光を発する星ではないものの、太陽の光を反射して光り輝いています。同じように、心の光も真我の光に由来したものです。

さらにこの微細プラーナの内部へと入っていくと、アハンカーラのやや緑がかった青い光が見えてきます。

さらに内側には、チッタが透明な光を放っていますが、その様子は常に変化しています。チッタは、真我の周囲を純白の光で取り囲んでいます。

チッタが真我にはりついているのは、真我の持つ引力によるものです。真我をチッタが包み、それをさらにアハンカーラが包んでいます。

優しい言葉が人の心の土台であるチッタに沁み入っていくのは、アハンカーラのブロックを受けにくいからです。

そして中心には真我があります。

心（アハンカーラとチッタ）が汚れていれば、心は分厚い雲のように濁り、真我の光は遮られます。**心が清浄であれば、真我の光は美しく広がっていきます。**

私たちの本体である真我、つまり魂の大きさは、時空を超えた聖者たちによって示されています。

「シュヴェーターシュヴァタラ・ウパニシャッド」によると、「一本の髪の毛の先端部を百等分し、その一区分をさらに百等分する。これが魂の大きさである」と記載されています。

さらに、「ムンダカ・ウパニシャッド」には、次のような記述があります。

「魂は、霊的原子（原子魂）で構成され、これは完全なる知識を得る段階まで達した人だけが視透《みとお》すことができる。魂は心臓の位置に在る」。

◈感謝と喜びを味わうお祭り

日本各地で、厳粛なものから神遊《かみあそび》のような華やかなものまで、多種多様なお祭りが行われています。

お祭りは本来、物質的な面を見る前に、神様や見えない世界の存在たちとの交流を意識するべき瞑想的なものです。瞑想的であれば瞑想的であるほど、心を本来の状態に戻すことの出来る御神事となります。

「祭」の字の中心には神様を意味する「示」があり、人々の喜びを天に捧げるという意味を持つ言葉になります。

お祭りの「ハレ」によって、心身の「ケ」枯れを直し、神様とすべての創造物に対する敬意と感謝と喜びを皆で分かち合うことがお祭りの目的です。

感謝と喜びは、皆で分かち合えば分かち合うほど、心の奥にまで浸透します。

感謝の気持ちは歌となり、喜びの気持ちは踊りとなり、神聖な土地の上で謳歌します。それが神様を祝福すると共に、自分を祝福することにも繋がります。感謝の気持ちと共に、人生を祝うのです。

多忙な日常で、神様と共に崇高な気持ちでいることを忘れがちになってしまう私たちにとって、**お祭りの「ハレの舞台」は、日常に生を祝う気持ちを呼び起こすためのもの**でもあります。

祭りは、「真釣り」とも書くように、ハレの舞台で神と人、神氣と人氣、天界と現界を釣り合わせる機会になります。釣り合わせるとは、天界の波動を見本として地上界の波動を引き上げること。簡単に言うと、天界を見習うようなものです。

政治を「まつりごと」と称するのは、「政《まつり》」も「祭《まつ》り」もどちらも「真釣り」であり、本来は天意をよく理解し、人の意として人の世界に移すものだからです。

真釣りには、神と人、天界と現界のように縦に釣り結ぶ真釣りと、陰と陽、光と闇のような二元性のすべてを釣り合わせる横の真釣り、そして釣り合わせを超越する真釣りがあります。究極的にはこの縦と横の真釣りが完全に釣り合い、超越した時に、真我の純粋性が顕現します。祭りは、この釣り合わせる過程のことを意味しています。

真釣りによって天界の至福を地上に移写するために、お祭りは喜びにあふれたものになります。ただし、**真釣りは純粋な気持ちでやること**が大切です。欲望が強いと「魔釣り」となり、執着が強いと「迷釣り」になってしまいます。

お祭りには、真釣りの障害となる利己的な欲望を排除し、真釣りを促進させる分かち合いや思いやりの心、奉仕の精神を引き出す作用があります。

人は、お祭りで味わう感謝と喜びを通して、神様を見出すことが出来ます。

でも、本当は決められたお祭りの日だけが祭りなのではありません。普段から、神棚に神饌を捧げて神様や御先祖様に感謝の意を表し、日常的に祈りの中に在ることが出来れば、**日常生活のすべての行為が祭り**となるのです。

例えばお花見も、その本質は御神事に由来しています。

日本には、四月になると「山遊び」といって、農作業が忙しくなる前に山へ御馳走を持って遊びに行く風習がありました。この日は働いてはいけないハレの日とされていたのです。

この風習は、高い山に住む神様と共に食事を楽しみ、その年の収穫を見守ってもらうための大切な神々との遊びです。遊びとは、御神事そのものなのです。

「さ・くら」は、山の神「さ」が下りてくる依り代「くら」であるために、この名前がついています。また、これが現代のお花見や学校遠足の起源となっています。

◈御奉仕は優れた霊性修行

お祭りで大切なことは、**お祭りは神様に対する御奉仕の象徴的な行事であること**です。

神社本庁のウェブサイトには次のように記載されています。

「神社とは、神様をお招きし、その場所にお鎮まりいただいた神様への御奉仕をする場所であり、この**神様への御奉仕こそが「お祭り」**なのです」。


お祭りの基本的な骨子は、正式な昇殿参拝の作法と同じです。

神様をお招きして、供物を捧げ、祝詞を献上して、参加者たちは感謝の行動をしてから、直会を行います。


祭典中に神職が「オー」と声を発する行為は「警蹕《けいひつ》」と呼ばれます。

この音は主神が波動として現れた聖音を真似ています。この「オー」と発する波動が、意識の深い領域へ浸透していくと、主神の純粋知性に触れることが可能となり、それが主神との霊交へと繋がっていきます。

大きなお祭りでは、神様を神社内の神域から、神輿《みこし》や山車《だし》を使って氏子《うじこ》地域内を回るお手伝いをします。

神輿の正面には、神域を守るための鳥居がついています。神輿の屋根は、社殿の屋根と同じ建築様式で作られています。神輿を担いで歩くときに、あえて上下に揺らしながら歩きます。これは魂振りという神力を高める意味があります。


神輿は、数百キロから重いものだと1トンを超えるものもあります。これを皆で協力し合いながら、神社から出発する宮出し（出御《しゅつぎょ》）から練り歩き（渡御《とぎょ》）を経て神社に戻る宮入（還御《かんぎょ》）までの長い距離を神様に見ていただく御奉仕をするのです。

これは、神様に対する御奉仕から、すべての人に対する御奉仕、すべての創造物に対する御奉仕へと広げていくべきものになります。これらすべてが神様に対して行われた御奉仕でもあるからです。


御奉仕は、優れた霊性修行となります。

特に、愛と喜びに満ちた御奉仕は、最高の霊性修行となります。

宇宙にあるすべての細胞、すべての原子は神様で満たされています。そのような考えを持って行う御奉仕は、「神様と一つ」という感覚を何よりも深めてくれます。すべての人、すべての存在は、神様が安置されている神社であることを確信させてくれます。助けを必要とする人に対する御奉仕は、その人に内在する神様に参拝していることと同じです。

すべての御奉仕は、あらゆる存在に神様が宿っていることを再認識する、素晴らしい機会です。

御奉仕の真心を学びたいのであれば、皇居勤労奉仕に参加してみるのもよいでしょう。このような御奉仕という参拝は、心を純粋にしてくれるという最高の御利益をもたらしてくれます。

◈お祭りは能動的に楽しむもの

お祭りに際して、神聖な行事として神職に従事する方々は「斎戒《さいかい》」が守られます。

斎戒とは、神社本庁「斎戒に関する規程」によると、「斎戒中は、潔斎して身体を清め、衣服を改め、居室を異にし、飲食を慎み、思念、言語、動作を正しくし、穢、不浄に触れてはならない」とされ、出来る限りの清らかに慎んで過ごすことになります。この「慎《つつし》」という字は、「心を真にする」と書くように、心のすべてを神様に向けた生活を送るのです。

斎戒中は、祭りの前後を慎みの浅い散斎《あらいみ》、祭り当日を慎みの深い到斎《まいみ》とします。

神様に関わる儀式の前からこのような生活を送る習慣は、世界中の各地で見られます。

斎戒が解かれる「解斎《げさい》」で日常生活に戻るのは、お祭りの最後の直会です。直会は、「いつもの生活に戻る＝直る」会という意味です。

お祭りでの直会は、いつでも楽しく面白いものです。天照大御神が天岩戸から出てきた時、神々は次のように言ったと「古語拾遺」に記されています。

「天晴《あっぱ》れ、あな面白、あな楽し、あな清明《さやけ》、おけ」

「面白い」という語は、暗闇から太陽の光を浴びた顔が白く見える「面《かお》が白い」に由来します。これは神様の霊光を浴びる時にでも同じことです。

至福に由来する笑いは、上質の祈りです。笑いは、分かち合うことで成長し、霊光はより強くなっていきます。

お祭りで、歌い、踊り、笑い、喜ぶことは、祈りを捧げていることになります。霊光が溢れる明るい世界にするために、笑いを分かち合いましょう。

お祭りは、神社が行うものと、氏子の依頼に基づいて行うものがあります。氏子依頼のお祭りとは、お宮参りや七五三参り、安産祈願、厄除け祈願、交通安全祈願などさまざまです。

お祭りは、規模によって、大祭、中祭、小祭、諸祭に分けられています。大祭は、新嘗祭や祈年祭、例祭などの規模の大きな祭りです。特に例祭では、神輿や山車が登場しますので、皆氣合いが入ります。心を本来あるべき姿、喜びに満ち、躍動するものへと回帰させます。

中祭は、紀元祭や元始祭など、静かなお祭りです。心の穏やかな面を思い起こさせます。

小祭は、日供祭《にっくさい》や月次祭など、毎日、毎月定例の日に行うもので、本殿の扉は開けません。日々心をケアする大切さを養います。

現代社会では、お祭りは娯楽に取って代わられてしまう傾向があります。でも、お祭りと娯楽は全く異なるものです。

お祭りは、自分が能動的に生を楽しむのに対して、現代の娯楽の大半は受動的です。映画やコンサートやスポーツを観ても、テーマパークで遊んでも、それらの根幹は受動的側面が多くなります。**お祭りは、自分の人生を能動的に、躍動的にするためのきっかけ**を教えてくれます。

祭祀の習慣を大切にする日本人でも、個人主義思想が浸透してきた現代社会では、和を尊びながら命の繋がりを大切に「分かち合う」よりも、西洋型の個人主義が強くなる傾向がみられることが多くなっています。それに伴い、祭祀が形骸化されて、軽視する風潮も生まれています。

「新嘗祭」は「勤労感謝の日」に改定されました。「新嘗祭」は、はるか神代の時代から受け継いできた「命の繋がり」を大切にするとても重要な御神事の一つですが、「勤労感謝の日」は、個人の労働に対する感謝の日という意味合いが強くなっています。

個人的には、再び「新嘗祭」という名称を復活させた方がよいと思います。

お祭りは、年に数回と思っている人も多いようですが、例えば伊勢の神宮では、一年間に

1600回を超えるお祭りが執り行われています。

神主さんが常駐している神社では、毎日「日供祭」というお祭りが行われています。これは、朝一番に神様に神饌（神様のお食事）を捧げて、神様からの恵みに感謝の意を表する大切なお祭りです。これは、神棚の在る家庭でも行われている行為です。

「とこしへに　國まもります　天地《あめつち》の　神のまつりを　おろそかにすな」

明治天皇の御製を心に刻みたいものです。

◈隠された沈黙の本当の力

御本殿は、神様が御鎮まりされている場であり、御正殿《ごしょうでん》とも呼ばれます。御本殿の造りは素朴で、内部の装飾はほとんどない建物です。これは余分な人の氣を入れない配慮です。

神社の中でも、最も重要な聖域で、ご本殿の中心部に御神体が安置されています。

御神体は、厳重に管理されています。一般的には、清めた布で覆われ、それを清めた

「御樋代《みひしろ》」とも呼ばれる木箱に納め、「神床《しんしょう》」に安置されます。御神体を入れる木箱の素材には特別な配慮がなされ、例えば伊勢の神宮では「御樋代木《みひしろぎ》」と呼ばれる木曾檜の良質な部材を使うことが定められています。この神床のある空間は「内陣」と称されます。

御本殿の内陣は、参拝者だけでなく、神職でさえ容易に立ち入ることが出来ない静寂に包まれた空間です。この空間を感じながら、自分のハートに御鎮まりされる真我とその空間を思い起こしてください。

永遠無限の静謐に包まれた空間……、この空間は、「真我の空間」と共に「沈黙」を表現しています。沈黙の中でのみ、神様は顕現します。

沈黙の本当の力は隠されています。それは、ほとんどの人は、沈黙は自分で作り出すものだと思っているからです。

本当の沈黙は、心が深い静寂に包まれた時に、神様から贈られるもの。

沈黙の中では、とても繊細な超感覚が活性化し、神理を映し出します。形がないものを感じられるようになり、見えないものが奏でる美しい旋律が聴こえるようになり、エネルギーの中に心地よい芳香を感じ、やがて、それらを形あるものの中にも感じることが出来るようになっていきます。

人は、自分自身に内在する永遠無限で神聖な存在をすっかり忘れています。自分の内側に深く入り、静寂の中で探求し、感じ、愛と共に受け入れていく。それが惟神の道というものです。心が静謐になった時、限りなく純粋で神聖な光に満たされる体験、それをこの御本殿の内陣にむけてイメージしてみましょう。

この御神体を、布、箱、内陣、御本殿、瑞垣、外玉垣と何重にも囲うさまは、心神を再現しようとした「形代《かたしろ》」になります。

人の身体では、心に包まれた真我が鎮座している心臓の最中心部に相当します。

天地照応、神人照応ですから、**神様の「形代」を信仰することは、神様そのものを信仰することに**繋がっています。

神社に祀られている神様を御祭神と言いますが、御神体（御霊代《みたましろ》）と呼ぶ場合には、御祭神そのものではなく、神様が下りてくるための依り代となっています。これは、神様はすべてに遍満し、一か所に留まるという性質ではないことを意味しています。

御神体には、三種の神器をはじめとしてさまざまなものがあり、通常は御本殿の中心にある神座《しんざ》に安置されています。

◈神社の御祭神の歴史

神社に祀られている神様を「御祭神」といいます。御祭神は、一つの神社で複数祀られていることが多く、その中で一番主体になる神様を「主祭神」と呼びます。
本殿に三柱の神々が祀られている場合には、主祭神が中央、主祭神の次に上位とされる神は主祭神の左側（参拝者から見て右側）、その次の神は主祭神の右側に祀られます。

神社が成立し、増えていくにしたがって、神社の御祭神は、その土地に縁のある地主神様や氏神様などが多くなりました。そのため、神社を産土《うぶすな》様、鎮守様、氏神様などの愛称で呼ぶこともあり、御祭神という意識は薄かったようです。

延長5年（927年）に編纂《へんさん》された全国の神社一覧である「延喜式神名帳《えんぎしきじんみょうちょう》」に記載されて

いる２８６１社の大部分には、御祭神名の記載がありません。

さまざまな神様の名前が出てくるのは、「古事記」や「日本書紀」以降のことになりますが、その数は大変多く、古事記の中に登場する神だけでも３００柱を超えます。

御祭神を理解するためには、「八百万《やおよろず》の神」を理解する必要があります。「八百万」とは、とても多いこと、無数を意味します。

神社が成立する前の神に近い時代には、**自然界のあらゆるもの、人を含めたすべての創造物は、神のエネルギーが表現されたもの**とみなされていました。

アイヌ民族も同様の捉え方を継承してきました。人間が出来ない能力を持つものは、すべて神様（カムイ）として尊重しました。熊もフクロウも、生き物ではない食器でさえ、人に出来ないことが出来る神様なのです。これが「八百万の神」です。

このような「八百万の神」という考え方は、肉眼と霊眼による観察に基づいたものです。

毎年花が咲き、果実が実り、雪が降り、太陽光が周期的に強まり、星々が正確無比に空に現れる……、大自然のあらゆる存在と現象のどこを観ても、主神の永遠なる限りなき恩寵が溢れています。

このような壮麗な光景を観た古代の人々が、一つひとつの存在や現象に神々の名称を付けていったのは当然のことでしょう。

八百万の神々はすべて、主神の分け御霊でもあり、主神の性質の一つを示したものでもあります。すべてのものに神が宿るという思いは、あらゆるものに対する敬意に繋がり、人生を豊かにしてくれます。

すべての中に神を見る精神が、日本を「神の国」にしています。

◈変容していく「神様の定義」

さて、これまで神社についての学びを深めていく中で、何度も「神」「神様」とお伝えしてきましたが、結局のところ、「神」とはどういう存在なのでしょうか。

すべての存在は、孤立したものではなく、深いエネルギー領域で密接に絡み合っています。諸行無常《しょぎょうむじょう》に変化する物質世界にいると、永遠実在の領域における神を「何かわからないもの」

「自分とはかけ離れた偉大なもの」だと誤認してしまうことが起こります。二元性に意識の焦点があると、神を被造物からは離れた特別な人格的存在として妄想してしまう傾向があるのです。

犬の世界で犬たちが神様を求めれば、光り輝く犬の姿をした神様を思い浮かべるでしょうし、カブトムシたちが神様を求めれば、やはり自分の思考を基にして、大きな黄金色のカブトムシの神様を想像することでしょう。

人も、人間という枠を外さない限り、神様を人の似姿として思い浮かべてしまうでしょう。生き物は、知覚した対象物に対して、自分の知識の範囲内で形を作る能力を持っているからです。

もちろん、神は無形であり有形でもあります。

イエス・キリストやお釈迦様、クリシュナ神のようにキリスト意識（宇宙の創造主の神なる意識）を持った人格的存在として現象界に顕現することもあります。また、高級霊や自然霊、眷属、御先祖様、さらには物質界にはいない生命体や他の天体からの生命体まで、見えない世界にも様々な階層の存在たちがいます。

したがって、どこまでを神という定義に当てはめるかによって、各人の神の認識も変化すると思います。地球上には、さまざまな精神階層からの魂がやってきているので、人によって神の定義が異なるのは当然のことです。

視野を最大限に広げてみれば、すべては神のエネルギーであり、すべては神の化身です。自分自身も、自分自神なのです。

日本人は、古くからこの広い視野を大切にしてきました。自分も含めてこの世界のあらゆるものが神の化身とする考え方は、世界中の先住民たちに広く浸透しているとても素晴らしいものです。

あなたが今、神様をどのような定義にしているにせよ、大切なことは、**「神様に対する敬意と信愛を深めて霊的に目覚めること」**です。

ただ、ここではまず「主神」を、人格神ではなく**「宇宙全体に遍満する最も精妙で完全、真善美を備えた純粋意識であり、すべての至福・真理・智慧・光をもたらす源」**と定義しましょう。
これは、すべての神様を人格神とする考え方より、一歩霊的周期の進んだ「神様の定義」です。

惟神の道を歩む人は、いつまでも同じレベルに留まっていてはいけません。「神様の定義」も、霊性進化と共に変容していきます。

◇心神の性質に照応する神々

天意や愛に形がないように、天意そのものである神様にも形はありません。

神様を「水」に喩えてみると、水の固体である氷しか知らない人は、自由に姿かたちを変えられる液体の水を理解することができません。液体の水を理解しても、空気中に広く存在する気体の水までは理解の範囲を超えています。

でも、氷も水も水蒸気もすべて同じ水です。ほんの少しの条件が加われば、雪や霰《あられ》や雹《ひょう》、霧、雲などにも変化します。

分子はH_2Oですが、原子、素粒子、そして究極的には光で構成されています。霊性進化に応じて、水のすべての形態を深く理解していくことで、その認識も変化していきます。

主神を人格化したい気持ちもわかりますが、それは「カリ・ユガの時代」に適したものなのです。霊光が強まってきたこれからの時代には、その固定観念からは離れるべきでしょう。

水で言えば、氷しか知らない人が、水の組成や性質を理解する時期に来たということになります。


神々は、神話の中では人格化されているものの、人の姿で現れるわけではありません。神のエネルギーは、大自然の営みの中に光として、星として、風として、雨として、人として、あらゆる創造物として表現されています。

神話の中で、神様が人間の姿をとって降臨するのは、神様が人間ととても近い存在であることを理解してもらう意図があります。もしも怪獣の姿で降臨したら、敵とみなして攻撃してしまうかもしれないし、宇宙人の姿で降臨したら、自分たちとは離れた存在として認識してしまうでしょう。


さらに神話は、読み手が自分とは関係ない外の世界、太古の世界の出来事という勘違いをしてしまうことがよくあります。

でも神話は、時空を超えて「今」この瞬間に、自分自身の中に在ることが表現されたものです。

「神代在今《かみがよいまにあり》」というように、神話で語られたすべてのことは本当の自分である真我の出来事でもあります。

そして、神話に出てくる神々の性質は、すべてが私たちの内側に備わっていて、禊祓により、心を清めて主神と合一するための指針となっています。だから神話は、「今」を生きるための指針となるのです。

例えば、「呼吸を大切にしたい」「能力を引き出したい」「自分の限界を超えてみたい」といった時には、須佐之男命が祀られている神社に行くかもしれません。参拝することで、自分自身の中にある心神の性質の中の須佐之男命の性質が共鳴し、活性化するのです。

「美しさ」や「子育て」に関する願いがあれば、木花咲耶姫命《このはなさくやひめ》が祀られている神社を選ぶかもしれません。木花咲耶姫命はとても美しく、しかも炎の中で子供を産んだ強い女性なのです。参拝では、自分の中にもある同様の資質が共鳴して活性化します。

自分自身をしっかりと確立したい時には、国之常立神《くにのとこたちのかみ》が祀られている神社に行くかもしれません。自分自身の中にある心神の国之常立神の性質が、参拝で共鳴して活性化するのです。

つまり、**神々には、自分の中に照応する性質があり、それを目覚めさせてくれる役割があるの**

です。

そのような捉え方で神話を読み解いていくと、神話に登場する神々の神徳を、実生活で引き出して活用出来るようになります。

◆さまざまな場所、さまざまな名前

先に、純粋意識から生まれた火の元素から水の元素が生まれると述べましたが、この順序が逆になることはありません。それが宇宙の摂理だからです。

古代の人の中で、その様子を霊視できるまでに意識を高められた人が、霊視によって「火（カ）」から「水（ミ）」が生まれる宇宙の絶対法則に基づく順序を確認して、その法則を「カミ」と呼びました。

「イーシャ・ウパニシャッド」の中には、次のような記述があります。

「至高の存在である神は、歩くが、歩かない。遥か遠くに存在するが、非常に近くに存在している。万物万象の中に内在しているが、万物万象の外側にも存在する」。

これも、通常の人間の思考の範囲を遥かに超えた領域が表現されています。水の中で生きている魚にとって、大空を飛ぶ鳥の言葉が理解しがたいことと似ています。

神様は、神社の御本殿にのみいるわけではありません。

神様は天界にも地上界にもいることを示す「天神地祇《てんじんちぎ》」という言葉もあります。「神」は天にある神、「祇」は地にある神のことを指しています。

「続日本紀」には、「神祇《じんぎ》を祭祀《まつ》るは国の大典《おおきのり》なり（天の神様と地の神様を祀ることは国の基本である）」と記されています。

また、江戸中期の国学者である本居宣長《もとおりのりなが》は、「古御典に記されている天界・地上界の様々な神々を始めとして神社に祀られている御霊、また人は言うまでもなく、鳥獣木草や海や山も神であり、尋常ではない優れた徳があり、畏れ多いものを神と言う」と幅広い神の定義を「古事記伝」の中で記しています。

また、神社に詳しい人なら、一柱の神様にもさまざまな名前があることに気付いていることでしょう。

例えば、須佐之男命は、他にも素戔嗚尊、素盞嗚尊、素戔男尊、神《かむ》須佐能袁命、建速《たけはや》須佐

之男命、須佐能乎命、伊邪那伎日真名子《いざなぎのひまなご》、家津美御子大神《けつみみこのおおかみ》、加夫呂伎《かぶろぎ》熊野大神、櫛御氣野命《くしみけぬのみこと》、饌津御子神《けつみこのかみ》など。

大国主命は、大国主神、大国主大神、大穴牟遅神《おおあなむぢのかみ》、大己貴命《おおなむちのかみ》、於褒婀娜武智《おほあなむちのかみ》、大穴持命《おおあなもちのかみ》、大汝命《おおなむちのかみ》、大名持神《おおなもちのかみ》、国作大己貴命《くにつくりおおなむちのかみ》、八千矛神《やちほこのかみ》、葦原色許男《あしはらのしこを》、葦原醜男、葦原志許乎命、葦原志挙乎命、三諸神《みもろのかみ》、大物主神《おおものぬしのかみ》、八戸挂須御諸命《やとかけすみもろのみこと》、大物主葦原志許《おおものぬしあしはらのしこ》、宇都志国玉神《うつしくにたまのかみ》、顕国玉神、大国魂神《おおくにたまのかみ》、伊和大神《いわのおおかみ》、国堅大神《くにかためましおおかみ》、占国之神《くにしめましかみ》、所造天下大神《あめのしたつくらししおおかみ》、地津主大己貴神《くにつぬしおおなむちのかみ》、国作大己貴神《くにつくりおおなむちのかみ》、幽世大神《かくりよのおおかみ》、幽冥主宰大神《かくりごとしろしめすおおかみ》、杵築大神《きづきのおおかみ》など。

同じ神様でも、こんなにも呼び名があるのです。

サザエさん一家で言えば、磯野波平さんのことを、サザエさんは「お父さん」と呼び、フネさんは「あなた」と呼び、カツオくんやワカメちゃんは「父さん」、マスオさんは「義父《とう》さん」、タラちゃんは「おじいちゃん」と呼びます。

同じ人間でも人間関係によってさまざまな呼び名があり、その関係性によって働く内容も多岐にわたります。

◇◆人が神を把握する手掛かり

主神について理解するために、神の性質を分類して示す方法がさまざまに試みられています。ここではその一つとして、真言密教を例に挙げてみます。

真言密教においての本尊は大日如来《だいにちにょらい》です。「大日」は霊的太陽の象徴でもあり、人智を超えた永遠不滅の完全なる存在のため、その全容を捉えることが出来ません。

そのため**いくつもの性質に分けて人が神を把握できる手掛かりにしています。**

その一つに、絶対真理そのものを身体として表現した様々な法身《ほっしん》があります。法身にも様々あり、ここでは次の四種の法身を例に説明します。

- 自性《じしょう》の法身：真理そのもの。
- 受用《じゅゆう》の法身：完全で人智で捉えられない性質を、阿閦《あしゅく》如来（揺るぎない永遠性）、宝生《ほうしょう》如来（すべての存在の中に絶対的な価値を見る）、阿弥陀如来（慈悲の心）、不空成就《ふくうじょうじゅ》如来（何事にもとらわれない実行力）という四つの仏に象徴して表したもの。

- 変化《へんげ》の法身：お釈迦様のように物質世界に姿をとって顕現すること。
- 等流《とうる》の法身：ありとあらゆるものが大日如来に由来するものとし、神は遠く離れた存在ではなく、自分も他人も、虫や石ころ、星に至るまですべてが神の化身であるということ。

広い視野で見れば私たち自身も神の一部です。自分自身に内在する神を見ることができれば、宇宙を一つの生体として見ることも出来るようになります。

◈創造主のさまざまな表現型

制限された物質界の言葉を使って、言葉を超越した存在を的確に説明するのは、とても難しいことです。

すべてを超越した神様を単純な言葉で表すことは不可能です。そのため、神様の多様な性質（神徳）をそれぞれ神格化し断片化して理解するということが、世界中の宗教で行われています。

世界中の神々も、すべて大元の概念は同じですが、人智を超えた存在を理解するために、社会的背景や言語的背景を反映して、具体的な表現方法を使うことで様々なバリエーションが出てきたのです。

ヒンズー教では、実に千にもおよぶ神の名があり、異なる意味があります。でも、それらは人格神というよりも、**一なる主神の各性質を表すもの**です。

日本神話に出てくる天照大御神も、霊的太陽との繋がりを見立てて神格化しています。太陽は、すべての創造物に対して無償で光を分けてくださいます。私たちは、その無償の愛に対して、敬愛と感謝を捧げることになります。

大国主命は、大地の神様です。大地があるからこそ、植物は育ち、それによって動物たちも繁栄できます。衣服も家も食べ物も、そしてあらゆる道具も、すべては大地からの恵みによるものです。私たちは、感謝や願い事を祈ります。

産土神は、人に関わる神様です。人々から受ける恩や自分の住む地域から受け取る恩恵に対して感謝を捧げます。

このように、**唯一無二である創造神を神徳ごとに神々として分けて、理解し、感謝することで、より一層「神と共に在る」こと、つまり自分の中に内在する神の性質を理解することが出来るの**です。

ちなみに、日本の神の名には、一文字一文字に、そして名前全体に、「君が代」同様に深い意図と祈りが隠されています（国歌「君が代」については拙著『君が代から神が代へ』をご参照ください）。

例えば、「イザナギ」「イザナミ」という神の名には、創造主からこの現象界に広がった神の二つの性質と法則が詳細に示されています。

三種の神器を授かった瓊瓊杵尊の正式名は、「アメニキシクニニキシアマツヒコヒコホノニニギ」です（古事記には「天邇岐志国邇岐志天津日高日子番能邇邇芸命」など、日本書紀には「天饒石国饒石天津彦火瓊瓊杵尊」などと表記されています）。

これは、表向きの意味では「アメニキシ：天界が繁栄し豊かになる」「クニニキシ：地上世界が繁栄し豊かになる」「アマツヒコ：天上から降りてきた人」「ヒコ：太陽神の子」「ホノニニギ：

稲穂が豊かに実る」となります。これだけでも、神々の徳性やお役目が表現されていることがわかると思います。

現在では神の名前だけが受け継がれ、その真意はごく一部の人だけに継承され、一般的には本来の意味は十分に理解されていません。

興味深いことに、現代の国際社会のように、国籍が混合した神様集団もいます。例えば、七福神は恵比寿（日本）、毘沙門天・大黒天・弁財天・布袋（インド）、福禄寿・寿老人（中国）と各国から来て集まっています。

こうして分かたれた神々ですが、元をたどれば最初に一つ、創造神があります。神、主神、至上霊、大霊など、さまざまな名称で呼ばれる原初の源です。

至高霊である創造神が、宇宙を創ろうという光を発します。日本ではその光が、天御中主神に相当します。

それがさまざまな性質により分類され、10の神として表現されます。国産みをする伊弉諾尊と伊邪那美尊は、天御中主神から七代目に相当します。

それらはさらに細分化され100になり、1000になり、10000になります。次第に、八百万の神と言われるほど無数に増えていきます。

でも百万から最初の1をとったら0になります。一億でも一兆でも、大元の1をとるだけで、いくら0がついていても、すべて0になるのです。

今の時代は、大元がたった1つであることすら忘れられているのです。

世界中のさまざまな神は、ただ一つの創造主（主神）のさまざまな表現型であるということです。

これを真から理解出来れば、宗教の違いによる争いも混乱もなくなります。

◇魂の中にも存在する三種の神器

「三種の神器」というものがあります。

天孫降臨の際に、瓊瓊杵尊が天照大神から授けられたという八咫鏡《やたのかがみ》・八尺瓊勾玉《やさかにのまがたま》・草薙剣《くさなぎのつるぎ》（天叢雲剣《あめのむらくものつるぎ》）のことです。

では、これらはどこにあるのでしょうか。

八咫鏡は伊勢の神宮の内宮、八咫鏡の形代は皇居・吹上御所宮中三殿の賢所、八尺瓊勾玉は皇居・吹上御所の剣璽《けんじ》の間、草薙剣は熱田神宮、草薙剣の形代は皇居・吹上御所の剣璽の間に、それぞれ安置されています。

地球上のさまざまな場所、日本の山岳地帯に、それらを象徴する場が存在します。

例えば、富山県では、勾玉としての立山三山《たてやまさんざん》（雄山《おやま》・大汝山《おおなんじやま》・富士の折立《おりたて》）・鏡としてのみくりが池・剣としての剣岳、山梨県では瑞牆山《みずがきやま》・小川山・大日岩・金峰山《きんぷさん》領域など、他にも小さな場から大きな場まで数多く存在します。

そして、**生きた三種の神器が存在するのは、実は私たち一人ひとりの魂の中**です。

三種の神器は、様々な解釈がなされていますが、私たちに内在する三種の神器は、人が地上に降りても神との繋がりを保ち、「神が代」の世界へと帰るための道筋を忘れないための魂の在り方を象徴しています。

今この時期に、すべての人が自己に内在する三種の神器を思い出し、活性化する必要があります。

【鏡】 鏡は、ありのままの姿を正しく見て、**再び神へと向かう意志**を象徴しています。また、**自分自身も神様の分け御霊であるという自覚を持つこと**も意味しています。

自分の心が豊かで喜びに満ちていれば、鏡はその豊かさと満足を映し出します。心が貧しく暗ければ、鏡はそのままの状態を映し出します。今のありのままの自分が映し出されるのです。

このことは、内観することの大切さと惟神の道の指針を与えてくれます。鏡は、「かがみ」から我を消して「かみ」となるように、私たちが神の分け御霊であることを常に忘れず、穢れた自我を清めるための道具です。

【勾玉】 勾玉は、**智慧・純粋理性・純粋知性、そして創造性の象徴**です。

天から降臨してもこれを保つことができれば、再び神の世界へと帰ることが容易になります。地上での神聖さを保つ道具です。

【剣】 剣は**勇気の象徴**です。一度地上に降りてしまうと、再び神の世界に帰るには勇気が必要になります。剣は勇気を保つ道具です。

この地上世界の二元の極性の中では、人は「すべては一つに繋がっている」という実在の本質から離され、万物が独立したものとみなす特殊な分離意識を持つことになり、そのおかげで地球は魂の修業の場になってきました。

この分離意識は上手くいけば大きな霊的成長が見込めるものの、魂の解脱のときには大きな障壁となって立ちはだかることになります。その障壁を乗り越えるための道具が、剣に象徴される勇気なのです。

外側の世界に意識があれば、心は翻弄され続けてしまいます。勇気をもって内側の世界へ意識を向ければ、そこに惟神の道を見出すことになるでしょう。

私たちは、**自分に内在する三種の神器を使って、神の元へと戻っていく**ことになります。

また、日本各所に存在する三種の神器を象徴する神聖な場においては、万人に内在する三種の神器を活性化させるための御神事が行われています。

三種の神器の御神事を行う前には、まず自分に内在する三種の神器を徹底して清め磨く期間を設けなければなりません。どんな儀式にも、それに先立って自分の内側での事前準備が必要なのです。

例えば、護摩焚きを真に理解したいならば、まず自分に内在する火を意識して、その火加減を一ヶ月見守る事前準備が必要です。三種の神器の御神事では、より厳しい事前準備が必要となります。

同じように「十種神宝《とくさのかんだから》」というものがあります。これは「古事記」「日本書紀」には記載がなく、「旧事本紀《くじほんぎ》」にのみ記されています。

十種神宝も、地上に下りてきた人間が、惟神の道を神へ向かって歩む上で必要な資質・能力の象徴です。

日常の意識がより明晰となることで、人は目覚めていくものです。

三種の神器や十種神宝のさらに深い意味も、自ら理解することになるでしょう。

そして、やがては自分が世界全体と繋がっていて、自分の思いも言動も行動も、個人という枠を超えてこの宇宙のすべてに影響していることを、真から理解することになるのです。

◈愛と天意と合わせる

すべての聖者たちは、**自らの意識を、自分に内在する真我（神様）に向かって高めていくことの重要性**を説いています。

人の心は、思い描く対象を反映して心の中に想念形を創ります。

愛する人のことを思えば、自分の心の中に愛を育み、崇高な聖者や神を思えば、自分の心の中の崇高さ、神聖さを養うことになります。

精神性の高い人と交流を持つことは、自分の精神性をより高める刺激となります。心優しく慈悲深い人と一緒にいれば、自分も慈悲深くなっていくことがわかるはずです。

神社も、観光や物質的な御利益を目的にするのではなく、目に見えない世界との交流を深め、神聖さを養う場として利用しましょう。

神社本来の主旨を理解して、心の在り方を正すだけで、神社は最大限に活用できるのです。

五つの感覚器官を使って得られるものを、意識的に善いものにするように心がけることによって、自らの心を高めていきましょう。

日々、瞑想することをおすすめします。瞑想は、自分に内在する真我を見出し、心を清め、愛の力を強め、地球を癒す力を養います。**新しい世界では、瞑想が必須の日課となる**ことでしょう。

はじめは思うように出来ず、心も集中とは程遠いほど彷徨《さまよ》ってしまい、制御不能かのように思えるでしょう。

でも全く焦る必要はありません。誰でも最初はそうなのですから。

一歩一歩歩みを進めていくうちに、制御不能と思われた心は次第に制御されていき、**いつの日か、内在神である真我、そして全宇宙の創造主である至上霊との霊交を果たし、永遠の至福を味わうまでに高められる**のです。

地上にやってきた人は、誰もがとても大きな可能性を持っています。人は、永遠無限の神理を地上に表現できる能力を持っています。

私たちは、この地球に、**ますます美しく、ますます清らかに、ますます善く、ますます光り輝くために来ていること**をいつも念頭に置いておきましょう。

私たちは、制約された物質世界に生きながらも、天意のみが存在する壮麗な霊光の世界に生きています。自由意思を与えられているのは、それをあらゆる体験を通して真に理解し、真我を実現するためです。

自分の愛を神様の天意と合わせる生き方を心がけましょう。

人生が驚くほど輝き、その美しい波動は大宇宙と共鳴して広がっていくことでしょう。

おわりに

神の国日本に住まう日本人は、自然界と共鳴する能力が突出して高い民族の一つです。そんな日本の神道の第一歩は、すべてのものは神聖だということを再認識することから始まります。

大自然の大いなる波動は、私たちの心身に不足したものを充足してくれます。

この世界には2種類の名医が存在します。そして、そのどちらもが同じ言葉で言い表せます。一つは自然（Nature）、もう一つは自分の中にある本性（Nature）です。

私たちは、人の手の入らない大自然を前にすると、それだけで感動を覚えます。それは、見える世界と見えない世界が完全な調和の元で存在しているからです。

アメリカ先住民はかつて、子供の頃から自然界と調和する術を様々な方法で学んできました。例えば、精霊の発する音をはじめ、あらゆる音を聴く訓練があります。まず地上の人々の言う事をしっかりと耳を傾けて聞き、理解することから始めます。次に、風の音、川のせせらぎ、雨の音、鳥のさえずりや動物の鳴き声など、周りのすべての自然界の音に耳を傾けます。

こうした聞き取る訓練を、子供の頃から行なうことで、肉体的聴覚を超えた不可視のエネルギーの世界の音も聞き取れるようになっていくといいます。

日常生活を営んでいるうちに、誰でも穢れが溜まってくるものです。

溜まった穢れを祓うために、大自然の中へ入り、自然の声に耳を傾けましょう。

自分の周りのすべてのものを、自分の意識が拡大したものとして感じてみましょう。

ここまで読み進められたあなたならば、大自然の中に入っていくことと神社を訪れることが同質であることは、もはや説明するまでもないはずです。

自然の中で太陽の光を全身で受け止めて吸収し、そよ風と会話をし、新鮮な空気をエネルギーと共にいっぱいに吸い込みましょう。

虫の声、せせらぎの音、波の調べ、小鳥のさえずり、遠くの響きに耳を澄まし、色とりどりの花々、花を巡る昆虫たち、足元の草、遥か遠くまで連なる山々を見通し、湧き水を飲み、土の匂い、木々や花々の香りを楽しみ、大きな樹木を抱きしめてみる……。

夜には、大自然の中に身をゆだねて、満天の星空を眺めてみましょう。すべての存在と一つになり、生き生きとした調和のとれた交響曲と一体化することによって、天球《てんきゅう》の諧音《かいおん》を味わってみましょう。

私が最もこれを享受したのは、オーストラリアの（一般人は立ち入り厳禁の）聖地に滞在していた時でした。大空に広がる満天の星々……。実際に大自然の中に身を任せると、心身ともに癒される感覚が沸いてきます。

今でも夜中の山奥で行を行うことがあります。「闇」という字は、門の中に音と書くように、真っ暗な中では視覚よりも聴覚が優勢になります。これは自分の内側から響く神聖な音に耳を傾けることに繋がっていきます。

大自然の中に行けない場合でも、身の回りの植物や生物を愛することによって、同じように調和が生まれます。

日常のささいな感覚や思いの一つひとつが、自分のエネルギー体や身体を形成しているということに意識を持っていくことが、神々と共に最高の人生を歩む第一歩ではないでしょうか。

人と神とが再び繋がりはじめ、神の光が入りやすい磁場が形成され始めている今、誰の中にも物質世界を超越したものを心の奥から求める気持ちが高まってきています。
外側で起こることに翻弄されることなく、勇気を出して歩んでいきましょう。

天意は、いつでもあなたのハートにあります。
天意からは、無限に愛が生まれてきます。
すべての人が天意と共に生きますように。

森井　啓二

瞑想のすすめ

聖なる場所を創る

まず、瞑想のための聖なる空間を創りましょう。

自分が毎日瞑想する静かな場所を決めて、そこに聖域を創っていきます。聖域を創ることによって、心を神に向かわせます。

そこは、自分が毎日神聖なる行為を行う場所（宮・社）になります。瞑想専用の部屋が作れたら、その部屋に〇〇神社、〇〇宮など、神聖な名前を付けてもいいでしょう。

瞑想専用の部屋が確保できれば最も良いのですが、確保できなければ、部屋の一角を仕切って一人になれる場所を確保してください。

瞑想する場所は、出来るだけ清潔に片づけて、気が散るようなものは置かないようにします。物を置く時には、必要なもの、神聖なものだけを置くようにしましょう。いつ大師が現れても、そのままおもてなし出来るように清らかさを保ちましょう。

日々の神聖なる真摯な思いと、その思いに賛同する見えない世界からの高い波動が、その場のエネルギーを創り出していき、やがてそこは本当の聖域になっていきます。

わざわざ遠くのパワースポットに行く必要はありません。自分自身の聖域が、その人に最も適したパワースポットになるのです。


小さなテーブルを用意して、ろうそくが灯せるようにするのもお勧めです。

火は霊的シンボルでもあり、強いエネルギーの象徴でもあり、場を浄化します。瞑想前に炎を見つめる行為は、心を集中し、鎮める役割があります。

私のお勧めは和蝋燭です。和蝋燭の芯は太いため、その炎は、ただ見ているだけでも心が落ち着きます。少し高価であり、作り手の職人さんのきめ細かな作業を思うと毎日は使えませんが、自分が使ってみたいと思う特別な日に使ってみましょう。

瞑想のすすめ

心の穢れによって真我の光が遮られ、私たちは本当の自分を忘れています。

タイのある寺院に、とても美しい黄金の仏像があります。

そして、その傍らには、小さなガラスケースの中に粘土のカケラが展示されています。

1950年代に、この寺院は高速道路建設のために移転することになりました。寺院には、古くから祀られている粘土でできた巨大な仏像がありました。移転に伴って、巨大な粘土の仏像をクレーンで持ち上げたところ、予想外の重さで、粘土の像の一部が、ひび割れてしまったのです。

その後、天候が悪くなったこともあって、その日の作業は一旦中止となり、仏像には大きな布の覆いが被せられました。

翌朝未明に、寺院の管長が覆いの中に懐中電灯を持って入り、仏像を照らしてみました。すると、ひび割れの隙間から金色に輝く物体が見えたのです。管長は、急いでノミと金槌を持って戻ると、粘土を慎重に剥がしていきました。

粘土の中にあったのは、なんと黄金色に輝く仏像でした。何時間もかけてすべての粘土を取り除くと、神々しく輝く黄金の仏像が姿を現したのです。

タイは16世紀から数百年に渡ってビルマと戦争をしていました。ビルマの軍隊がこの寺院に攻めてきたときに、かけがえのない黄金の仏像が略奪されないよう、僧侶たちが泥を塗り固めて泥の像と偽って守ってきたのです。

でもその後、それを知る僧侶たちが皆ビルマ軍に殺されてしまい、その仏像の秘密を知る者は誰もいなくなってしまいました。こうして、泥で塗り固められたままになっていた仏像が、移転をきっかけに再びその輝きを取り戻したのです。

私たちも、この泥で塗り固められて保護された黄金色に輝く仏像のようなものです。

今こそ、本当の自分を見つけ、輝く絶好のチャンスです。

私たちの魂は、至高霊の分け御霊であり、霊光を放つ能力が内包されています。

分け御霊を最も効率よく顕現する方法が、瞑想です。瞑想は、心と魂が強化されるだけでなく、身体も若々しく強化されます。日常生活にもとても大きな良い影響を及ぼしてくれます。黄金の仏像に塗り固めた粘土を取り除く、最も優れた方法の一つなのです。


人のエネルギーの流れは、一つの方向に向かいます。光の方向に向かうことも出来れば、闇の方向に向かうことも出来ます。一つの対象を愛することも出来れば、憎むことも出来ます。一つの事象を許すことも出来れば、恨むこともできます。


エネルギーには流れがあり、両方同時に向かうことは出来ないのです。

どちらに向かうのか選ぶのは自分自身ですが、向かうべき方向は明らかです。

瞑想の準備

瞑想は、自分自身に内在する神を知る最も科学的な手法です。そして、活力知力を高め、心の美しさと静謐さ、忍耐力を養う良い方法の一つです。

深く瞑想できるようになると、意識は表在意識にとどまることなく、想像以上に広大なエネルギー世界へと入っていくようになります。

神社の世界にも、見えない世界であらゆる魂が繋がるネットワークがあることを書きましたが、それを次第に実感できるようになっていきます。

私たちの意識は、日常生活においては表在意識に焦点を当てています。

人の意識の焦点は、表在意識にありながら、一時間に数回から十数回は表在意識と並行して存在する複数の別の意識領域に繰り返し出入りしています。でも、この移行があまりにスムーズなために、ほとんどの人はそれに気づいていません。

深い領域の意識で得られる創造的波動を、上手く表在意識へと繋げられた時に起こるのが、ひらめきであり、気づきです。これは神社では「紙垂」で表現されていることはすでに述べたとおりです。

表在意識を休ませて、外側の世界から内側の世界へと焦点を切り替えて、深い領域の意識との繋がりを深めていくのが、瞑想の役割の一つです。

真に幸せになる秘訣として、自分のハートを中心におくことと、いつでも感謝の気持ちを持つことが大切です。それは、対象との最も信頼のある関係を築けるからです。

そして、もう一つとても重要なことは、自分の内面に向かう静寂の時間を作ること。

これは、確実に幸せの相乗効果をもたらします。なぜなら、目に見えない世界での最も信頼のある関係を築けるからです。自分一人ではない、すべての存在と繋がっている確信が芽生え、いつも感謝の気持ちで溢れているようになっていくでしょう。

日々の外側での体験は、本来内側の体験として反映すべきなのですが、内観や瞑想する習慣がない場合には、外側の世界は外側だけのものと見なされて、内側の世界との間に障壁を作ってしまう傾向があります。障壁が作られると、外側の体験が、充分有意義に活用できないということがよく起こります。

そうならないためにも、外側の体験を、毎日自分の心の中で整理する時間を作ることが大切です。瞑想や座禅をすることや自然の中で五感を丁寧に使っていくことで、無意識のうちに心の中を整理する習慣がついていきます。

瞑想はいまや世界のトップリーダーたちが欠かさず行う、最も一般的な日課になりつつあります。毎日行うことで心を静寂の中へと導き、いままで気づかなかった自分の深い内なる智慧を再発見し、自分自身の本当の強さや優美さ、至福、調和を引き出すきっかけになります。

瞑想することで、自分の中から、言葉では表せないとても繊細な感覚が湧き出てきます。

この微細なエネルギーは、あらゆるものに浸透し、自分の身体と外部環境、そして自分の内面にも密接なかかわりを持っています。

瞑想を始めるための瞑想の準備について、ごく簡単に書いておきます。

時間は、自分の快適に出来る時間でかまいません。理想的には一日二回。仕事をしている人は、早朝と夜が適しています。一人になれる静かな、出来れば毎日同じ場所、同じ時間を選びます。お腹が空っぽの時間を選んでください。食後すぐは、瞑想には向きません。

瞑想する時には、東側を向き、意識を眉間に在る第三の目に集中します。

瞑想では、呼吸はとても大切です。呼吸は、現在この瞬間に在ることをサポートしてくれます。基本は、鼻から吸って、口から吐きます。

瞑想前の呼吸では、息を吐くときに、心身の汚れたエネルギーも一緒に出してしまうイメージで行うといいでしょう。吸う時には清浄な光のエネルギーを心身の隅々まで浸透するように意識します。

瞑想法には、さまざまなものがあります。本やインターネットからも学べるようになりました。無理のない範囲で、自分に最も適した瞑想法を試してみましょう。

なお、瞑想についてもっと詳しく知りたい方は、拙著『君が代から神が代へ』の瞑想の章や「精解神の詩 聖典バガヴァッド・ギーター」第六巻などをご参照ください。

略祓詞《りゃくはらえことば》

どんなときにも使える祝詞です。

祓え給《たま》へ　清め給へ

略拝詞《りゃくはいし》

一般的に神前で唱える祝詞。これはぜひ覚えておきましょう。

祓へ給へ　清め給へ
守り給へ　幸《さきは》へ給へ

鳥居之祓《とりいのはらひ》

鳥居にて神域に入らせていただく心構えをお伝えする祝詞です。

神の在座《ます》鳥居《とりゐ》に伊禮《いれ》ば此身《このみ》より日月《ひつき》の宮《みや》と安《やす》らげくす

ひふみ祝詞

古代から奏上されてきた言霊の力が宿る祝詞。

ひふみ　よいむなや　こともちろらね
しきる　ゆゐつわぬ　そをたはくめか
うおえ　にさりへて　のますあせゑほれけ

祓詞《はらえのことば》

心身のお祓いをする祝詞。

掛けまくも畏《かしこ》き伊邪那岐大神《いざなぎのおほかみ》、筑紫《つくし》の日向《ひむか》の橘《たちばな》の小戸《をど》の阿波岐原《あはぎはら》に、御禊《みそぎ》祓へ給ひし時に生《な》り坐《ま》せる祓戸《はらへど》の大神等《おほかみたち》、諸《もろもろ》の禍事《まがごと》・罪穢《けがれ》有《あ》らむをば、祓へ給ひ清め給へと白《まを》す事を聞食《きこしめ》せと、恐《かしこ》み恐み白す

○大祓詞《おおはらえことば》

全ての穢れを祓う祝詞。

高天原《たかまのはら》に神留《かむづま》り坐《ま》す　皇親神漏岐《すめらがみつかむろぎ》　神漏美命《かむろぎのみこと》以《も》ちて　八百萬神等《やほよろづのかみたち》を神集《かむつど》へに集《つど》へ賜《たま》ひ　神議《かむはか》りに議《はか》り賜《たま》ひて　我《あ》が皇御孫命《すめみまのみこと》は　豊葦原水穂國《とよあしはらのみづほのくに》を　安國《やすくに》と平《たひら》けく知《し》ろし食《め》せと　事依《ことよ》さし奉《まつ》りき　此《か》く依《よ》さし奉《まつ》りし國中《くぬち》に　荒振《あらぶ》る神等《かみたち》をば　神問《かむと》はしに問《と》はし賜《たま》ひ　神掃《かむはら》ひに掃《はら》ひ賜《たま》ひて　語《こと》問《と》ひし磐根《いはね》　樹根《きね》立《た》ち　草《くさ》の片葉《かきは》をも語止《ことや》めて　天《あめ》の磐座放《いはくらはな》ち　天《あめ》の八重雲《やへぐも》を　伊頭《いつ》の千別《ちわ》きに千別《ちわ》きて　天降《あまくだ》し依《よ》さし奉《まつ》りき　此《か》く依《よ》さし奉《まつ》りし四方《よも》の國中《くになか》と　大倭日高見國《おおやまとひだかみのくに》を安國《やすくに》と定《さだ》め奉《まつ》りて　下《した》つ磐根《いはね》に宮柱太敷《みやばしらふとし》き立《た》て　高天原《たかまのはら》に千木《ちぎ》高知《たかし》りて　皇御孫命《すめみまのみこと》の瑞《みづ》の御殿《あらか》仕《つか》へ奉《まつ》りて　天《あめ》の御蔭《みかげ》　日の御蔭《みかげ》と隠《かく》り坐《ま》して　安國《やすくに》と平《たひら》けく知《し》ろし食《め》さむ國中《くぬち》に成《な》り出《い》でむ天《あめ》の益人《ますひと》等が　過《あやま》ち犯《をか》しけむ種種《くさぐさ》の罪事《つみごと》は　天《あま》つ罪《つみ》　國《くに》つ罪《つみ》　許許太久《ここだく》の罪《つみ》出《い》でむ　此《か》く出《い》でば　天《あま》つ宮事《みやごと》以《も》ちて　天《あま》つ金木《かなぎ》を本《もと》打《う》ち切《き》り　末《すゑ》打《う》ち断《た》ちて　千座《ちくら》の置座《おきくら》に置《お》き足《た》らはして　天《あま》つ菅麻《すがそ》を本《もと》刈《か》り断《た》ち　末《すゑ》刈《か》り切《き》りて八針《やはり》に取《と》り辟《さ》きて　天《あま》つ祝詞《のりと》の太祝詞事《ふとのりとごと》を宣《の》れ

此《か》く宣《の》らば　天《あま》つ神《かみ》は天《あめ》の磐門《いはと》を押《お》し披《ひら》きて　天《あめ》の八重雲《やへぐも》を伊頭《いつ》の千別《ちわ》きに千別《ちわ》きて　聞《き》こし食《め》さむ　國《くに》つ神《かみ》は高山《たかやま》の末《すゑ》　短山《ひきやま》の末《すゑ》に上《のぼ》り坐《ま》して　高山《たかやま》の伊褒理《いほり》　短山《ひきやま》の伊褒理《いほり》を掻《か》き別《わ》けて聞《き》こし食《め》さむ　此《か》く聞《き》こし食《め》してば　罪《つみ》と云《い》ふ罪《つみ》は在《あ》らじと　科戸《しなど》の風《かぜ》の天《あめ》の八重雲《やへぐも》を吹《ふ》き放《はな》つ事《こと》の如《ごと》く

朝《あした》の御霧《みぎり》　夕《ゆふべ》の御霧《みぎり》を　朝風《あさかぜ》　夕風《ゆふかぜ》の吹《ふ》き拂《はら》ふ事《こと》の如《ごと》く　大津邊《おほつべ》に居《を》る大船《おほふね》を　舳《へ》解《と》き放《はな》ち　艫《とも》
解《と》き放《はな》ちて　大海原《おほうなばら》に押《お》し放《はな》つ事《こと》の如《ごと》く　彼方《をちかた》の繁木《しげき》が本《もと》を　燒鎌《やきがま》の敏鎌《とがま》以《も》ちて　打《う》ち掃《はら》ふ事《こと》の
如《ごと》く　遺《のこ》る罪《つみ》は在《あ》らじと　祓《はら》へ給《たま》ひ清《きよ》め給《たま》ふ事《こと》を　高山《たかやま》の末《すゑ》　短山《ひきやま》の末《すゑ》より　佐久那太理《さくなだり》に落《お》ち
多岐《たぎつ》　速川《はやかは》の瀬《せ》に坐《ま》す瀬織津比賣《せおりつひめ》と云《い》ふ神《かみ》　大海原《おほうなばら》に持《も》ち出《い》でなむ　此《か》く持《も》ち出《い》で往《い》なば　荒潮《あらしほ》の
潮《しほ》の八百道《やほぢ》の八潮道《やしほぢ》の潮《しほ》の八百會《やほあひ》に坐《ま》す速開都比賣《はやあきつひめ》と云《い》ふ神《かみ》　持《も》ち加加呑《かかの》みてむ　此《か》く加加呑《かかの》みて
ば　氣吹戸《いぶきど》に坐《ま》す氣吹戸主《いぶきどぬし》と云《い》ふ神根國《かみねのくに》　底國《そこのくに》に氣吹放《いぶきはな》ちてむ　此《か》く氣吹放《いぶきはな》ちてば　根國《ねのくに》　底國《そこのくに》に
坐《ま》す速佐須良比賣《はやさすらひめ》と云《い》ふ神《かみ》　持《も》ち佐須良《さすら》ひ失《うしな》ひてむ　此《か》く佐須良《さすら》ひ失《うしな》ひてば　罪《つみ》と云《い》ふ罪《つみ》は在《あ》らじ
と　祓《はら》へ給《たま》ひ清《きよ》め給《たま》ふ事《こと》を　天《あま》つ神《かみ》　國《くに》つ神《かみ》　八百萬《やほよろづ》の神等共《かみたちとも》に　聞《き》こし食《め》せと白《まを》す

天津祝詞《あまつのりと》

江戸時代に平田篤胤により編纂された祝詞。

高天原《たかあまのはら》に神留坐《かむづまりま》す
神漏岐《かむろぎ》神漏美《かむろみ》の
命《みこと》以ちて
皇親神伊邪那岐《すめみおやかむいざなぎ》の大神《おほかみ》
筑紫日向《つくしひむか》の橘《たちばな》の小門《おど》の

阿波岐原《あわぎはら》に
禊祓《みそぎはら》ひ給《たま》ふ時に
生坐《あれま》せる
祓戸《はらえど》の大神等《おおかみたち》
諸々禍事罪穢《もろもろまがごとつみけがれ》を
祓《はら》へ給《たま》ひ清《きよ》め給《たま》ふと
申《もう》す事《こと》の由《よし》を
天《あま》つ神地《かみくに》つ神《かみ》
八百万神等共《やほよろづのかみたちとも》に
聞食《きこしめ》せと
畏《かしこ》み畏《かしこ》みも白《もう》す

龍神祝詞

龍神系の神社に参拝する時に、祓詞の後に奏上します。

高天原《たかあまはら》に坐《ま》し坐《ま》して　天《てん》と地《ち》に御働《みはたらき》を現《あらわ》し給龍王《たまうりゅうおう》は大宇宙の根元《こんげん》の御祖《みおや》の神《かみ》にして一切《いっさい》を産《う》み一切を育《そ》だて　萬物《よろずのもの》を御支配《ごしはい》あらせ給《たま》う王神《おおじん》なれば　一二三四五六七八九十《ひふみよいむなやこと》の十種《とくさ》の御寶《みたから》を己《おの》がすがた

と變《へん》じ給《たま》いて　自在自由《じざいじゆう》に天界地界人界《てんかいちかいじんかい》を治給《おさめたま》う　龍王神《りゅうおうじん》なるを尊《とおと》み敬《うやま》いて眞《まこと》の六根《むね》一筋《ひとすじ》に御仕《みつかえ》申す
ことの由《よ》しを受《うけ》引き給《たま》いて愚《おろ》かなる心《こころ》の数々《かずかず》を戒《いまし》め給《たま》いて　一切衆生《いっさいしゅじょう》の罪穢《つみけが》れの衣《ころも》を脱《ぬ》ぎ去《さ》らしめ
給《たま》いて萬物《よろずのもの》の病災《やまい》をも立所《たちどころ》に祓《はら》い清《きよ》め給《たま》い　萬世界《よろずせかい》も御祖《みおや》のもとに治《おさ》めせしめ給《たま》へと　祈願《こひねがい》奉《たてまつ》るこ
との由《よし》を聞《き》こし食《め》して　六根《むね》の内《うち》に念《ねん》じ申《もお》す
大願《だいがん》を成就《じょうじゅ》成《な》さしめ給《たま》へと　恐《かしこ》み恐《かしこ》み白《もう》す

参考文献

神社本庁ウェブサイト（おすすめ）　https://www.jinjahoncho.or.jp/
神社検定 公式テキスト1 神社のいろは　扶桑社刊
君が代から神が代へ（上・下巻）
光の魂たち 植物編
光の魂たち 山岳編序章
精解 神の詩 聖典バガヴァッド・ギーター（第1巻～第7巻）
いずれも森井啓二著／きれい・ねっと刊

PROFILE

森井 啓二　（もりい けいじ）

専門は動物の統合診療医＆外科医。東京生まれ。北海道大学大学院獣医学研究科卒業後、オーストラリア各地の動物病院で研修。1980年代後半から動物病院院長として統合医療を開始。趣味は瞑想、ヨガ、山籠り、油絵を描くこと。自然が大好き。40年前にクリヤヨギたちと会う。クリヤヨガ実践。日本の伝統を守り伝える「絆会」顧問。

著書に『新・臨床家のためのホメオパシー マテリアメディカ』『ホメオパシー 基本レメディ活用ガイド』『宇宙深奥からの秘密の周波数 君が代』『君が代から神が代へ』『光の魂たち 動物編』『光の魂たち 植物編』『光の魂たち 山岳編 序章』『精解 神の詩』シリーズ『真我の響き』など。

Instagram
https://www.instagram.com/pipparokopia/

神の国日本の
美しい神社

神々と共に歩む
最高の人生

この星の 未来を創る 一冊を
きれい・ねっと

2024年3月21日　初版発行
2024年9月　9日　初版三刷

著　　者　森井啓二
発 行 人　山内尚子
発　　行　株式会社 きれい・ねっと
〒670-0904　兵庫県姫路市塩町91
TEL：079-285-2215 / FAX：079-222-3866
https://kilei.net

発 売 元　株式会社 星雲社（共同出版社・流通責任出版社）
〒112-0005　東京都文京区水道1-3-30
TEL：03-3868-3275 / FAX：03-3868-6588

デザイン　eastgraphy
印刷・製本所　モリモト印刷株式会社

ISBN978-4-434-33675-1

森井啓二 既刊のご案内

きれい・ねっと

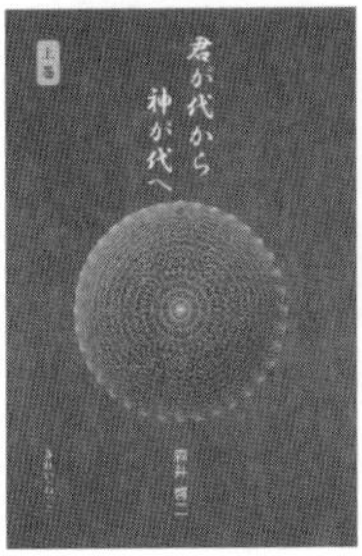

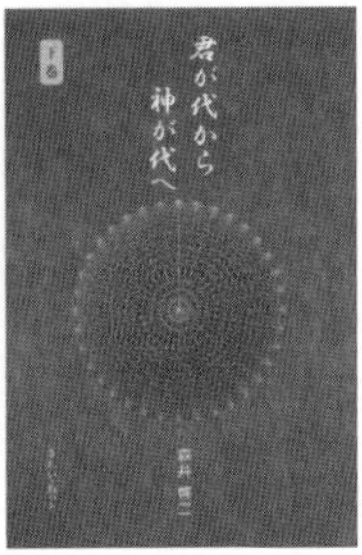

君が代から神が代へ 上・下巻

高次の存在たちからのメッセージが
生まれる前からの
膨大な記憶を保つ著者によって
時空を超え、
縦横無尽につながりあっていきます。
「老・病・死・生」という
人類普遍のテーマに沿って
丁寧に明かされていく、
人が「神が代」へと向かう（還る）ための
人類の叡智の物語。

（本体価格 各 1,500 円 + 税）

きれい・ねっと

光の魂たち

きれい・ねっと

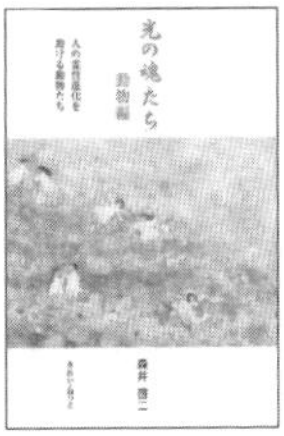

光の魂たち 動物編

（本体価格 1,600 円 + 税）

いま、私たち人類の生活が原因となって、年間 3 万種もの貴重な生物種が地球上から絶滅していっています。自然と調和して生きる動物たちから学び、慈悲の心と勇気ある行動を選択することが必要です。霊性進化による統合の時代の到来を目指すすべての人に贈る必読書。

光の魂たち 植物編

（本体価格 1,600 円 + 税）

人類より遥か昔から独自の進化を遂げ繁栄してきた植物。現代では大半の人々が植物の恩恵と繋がりを忘れて暮らしています。植物を深く理解し共鳴する体験を経て、完全な統一性と調和を体験し、より高い霊的成長を遂げるために実践すべきことが、いまここに知らされます。

森井啓二 既刊のご案内

きれい・ねっと

光の魂たち 山岳編 序章

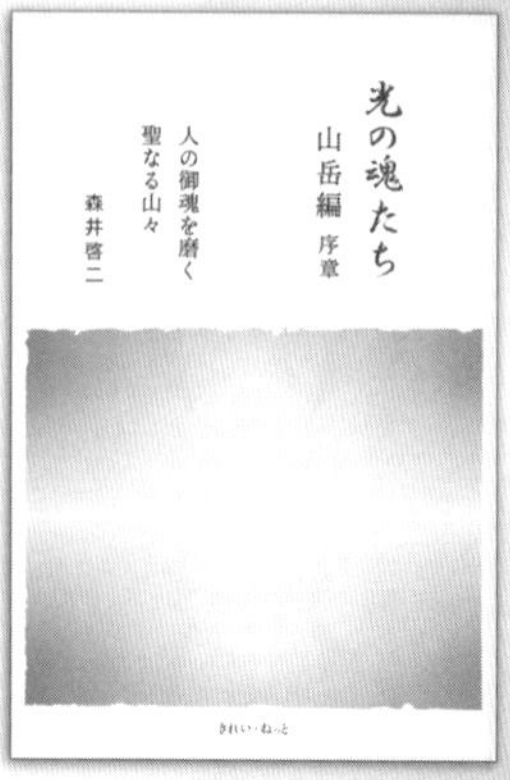

きれい・ねっと

森井啓二 著

遠い昔、日本人は万物万象の中に
神のエネルギーを感じられる、
霊性の高い民族だった。
分離から統合、
そして超越へと向かう時代が
始まった今、
想像を超える美しい世界の創造に
携わることを願うすべての人に贈る、
人と自然界を繋ぎ、魂を美しく磨き、
再び自然と一体化するための必読書!

（本体価格 1,600 円+税）

❊ *Detailed Explanations of Bhagavad Gita* ❊

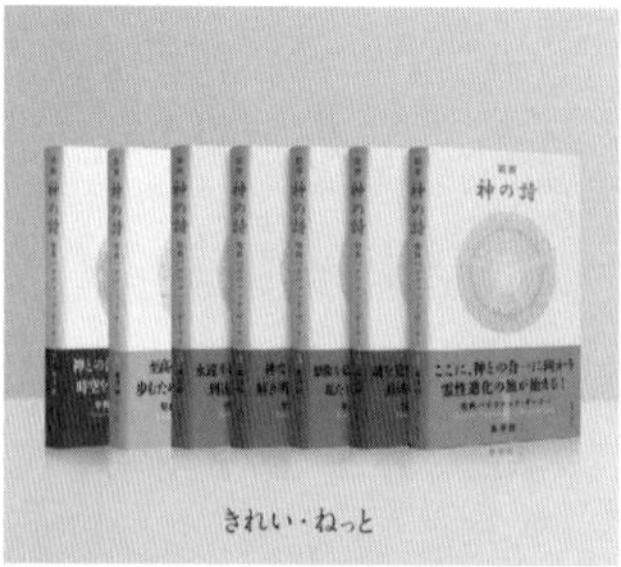

地上に存在するあらゆる書物の中で

普遍的真理に最も近いもの。

（20世紀最大の超能力者エドガー・ケイシー）

困難な時代に生きるすべての人に、

言葉を超えた真理を示す究極の書が紐解かれる。

精解 神の詩 聖典バガヴァッド・ギーター ・ 森井啓二

（本体価格 各 1,600 円+税）